探索融资新模式　开启互联新时代

众筹

CROWDFUNDING

郑一群◎著

超实用的
互联网融资指南

新 华 出 版 社

图书在版编目（CIP）数据

众筹：超实用的互联网融资指南 / 郑一群著.
－－北京：新华出版社，2016.7
ISBN 978-7-5166-2648-1

Ⅰ.①众…　Ⅱ.①郑…　Ⅲ.①互联网络－应用－融资－研究
Ⅳ.①F830.45-39

中国版本图书馆CIP数据核字(2016)第153304号

众筹：超实用的互联网融资指南

作　　者：郑一群

选题策划：赵怀志　　　　　　　　　责任编辑：赵怀志　郑建玲
责任印制：廖成华　　　　　　　　　封面设计：任燕飞装帧设计工作室

出版发行：新华出版社
地　　址：北京石景山区京原路8号　　邮　　编：100040
网　　址：http://www.xinhuapub.com　http://press.xinhuanet.com
经　　销：新华书店
购书热线：010－63077122　　　　　中国新闻书店购书热线：010－63072012

照　　排：臻美书装
印　　刷：北京文林印务有限公司
成品尺寸：170mm×240mm
印　　张：13.5　　　　　　　　　　字　　数：175千字
版　　次：2016年7月第一版　　　　印　　次：2016年7月第一次印刷
书　　号：ISBN 978-7-5166-2648-1
定　　价：36.00元

前言

　　突如一夜春风来。不知从什么时候开始，众筹已经悄悄走入人们的生活。从众筹咖啡馆的遍地开花，到众筹网站的竞相开办，从百度的"众筹频道"、阿里巴巴的"娱乐宝"，再到以"凑份子"为名的京东众筹……众筹的影响力就以极速蔓延之势波及商业的各个角落。每个听到这个概念的人，无论最终做出怎样的结论，都会眼睛亮闪闪地对众筹一问究竟。

　　众筹模式并不高深，自古有之，最早的和尚化缘修建寺院就是一种众筹，而现在我们所说的众筹，它主要是用互联网的思维，互联网的模式，互联网的速度来帮助创业者圆梦。

　　其实，所谓众筹，就是筹人、筹智、筹乐，一帮不认识的人，因众筹而结缘。正如中国古话所说，众人拾柴火焰高。目前，互联网金融在中国已经进入"众筹"为标志的时代，世界银行预测到2025年全球众筹市场规模将达到3000亿美元，其中国市场将达500亿美元，2014年已成为中国众筹元年。众筹模式的出现，无疑为我国数量众多的小微文化企业和创业团队打开了一条有效且有力度的融资渠道。互联网思维的创意入口一旦打开，汇聚的力量会让人惊奇。

　　美国作家克莱·舍基说过："很多人都有闲置的时间、闲置的资源。如何把这些闲置的时间和资源汇聚起来，有目的地创造更有价值、有意义的事情，在互联网甚至移动互联网技术日益增强的今天，将变得越来越重要。"而众筹

正是实现这一目标的方法和手段。通过众筹，你可以将你的创意发布在众筹平台上，让更多的人来关注你及你的项目，达到整合资源，完成梦想的目的。

众筹并不是一种单纯的投资行为，而是一种有资金、认知、时间盈余的精英社群成员彼此分工协作，互相提升价值的项目实操过程，最终的盈利点也是多元化的，除实实在在的金钱收益之外，社群成员之间彼此的价值互换和人脉、资源、经验等隐性提升也是关键，社群和众筹如果结合的好，会产生 1+1 大于 2 的双赢效果。众筹的本质在于筹人、筹智、筹力、筹钱，从梯级上来看，筹人是第一位的，筹钱是最后一位的。

在社会化营销时代，众筹模式因为其本身所蕴含的艺术和梦想的气质给我们提供了太多的想象空间，众筹到现在早已经超越了融资这一个范畴，在其中可能会涉及到关于营销、娱乐、聚会等各个方面。只要你的想法能够得到大家的认可，在众筹平台上，大家就可以帮你实现梦想。

众筹的出现，对于着力实现自己梦想的普通人，提供了一条捷径，它让更多的人一起参与一个事业、一个梦想。或许你厌烦了每天枯燥乏味的生活，却因为现实的压力，不敢轻易去实现自己一直想做的事。但是，在互联网的时代，你不再孤独，也不用害怕。如果这个事情真的值得你去做，从现在开始，打开电脑，发起众筹，你的梦想就可能实现。

目 录
CONTENTS

第一章

众筹揭秘：众筹是什么

众筹风暴：一场席卷全球的暴风

随着互联网金融热度的持续发酵，互联网上一种募集资金的形式——众筹，开始进入人们的眼帘。众筹的英文叫"crowdfunding"，顾名思义，就是利用众人的力量，集中大家的资金、能力和渠道，为小微企业、艺术家或个人进行某项活动等提供必要的资金援助。也就是"大众筹资"，香港叫"群众集资"，台湾称"群众募资"，是指一种向群众募资，以支持发起的个人或组织的行为。在互联网创业行业里，"众筹"这一概念却被赋予了更加广阔的延伸——让民间的闲散资金进入创业企业。

众筹可以分三大类：

第一类：为了筹资而来，带有金融的属性。这个金融的属性一定是基于互联网的平台的，这个平台分为两类，一个是第三方的融资平台，比如B2B，它有独立的平台做中介来满足三方的需求。另一个可能是没有第三方，而是基于社交网络，比如说微信、微博，发起人独立地发起一个项目，然后就有人来跟进。这类众筹是为融资而产生的。

第二类：这类众筹具有新一代的电子商务的概念。新一代电子商务的概念，从B2B、C2C、O2O，然后到众筹。这类众筹的目的有两个：第一，验证产品，看产品是不是有消费者认同。如果消费者不认同，那么说明这个产品也就没有必要再生产了。第二，如果得到消费者的支持，实际上就提前锁定了第一批客户群，然后迅速打造影响力。所以其目标在于检验市场，这是新一代的电子商务的概念。

第三类：这类众筹也是与资金有关的，但是它做的是圈子。比如像3W这样的咖啡馆，它看中的绝不是投资者拿的十几万元钱，而是投资者的行业背景和人脉关系，它看中的是圈子的高端资源，而不是资金。所以在这种情况下，众筹不能简单地理解为就是金融。设定的目标不同，情况也就有所不同。

很多时候，众筹都被人们称为"天使的天使"。有创意的人可以在众筹平台发布项目，定个目标资金数，让一些感兴趣的人过来赞助。理论上来说，只有你拥有一个现在网友都十分喜欢的项目，例如你写了一本书想要出版，把相关介绍放在众筹网站上，在规定的时间内筹资达到事先设定的筹资目标额度，你就可以得到出版图书所需的资金了。众筹的这种低门槛、多样性、依靠大众草根阶层的力量、注重创意等特点，使得众筹一出世就迎来了世人瞩目的眼光，很多年轻人力图采用这种模式实现他们心中创业的梦想。

所以，众筹从最初为艰难奋斗的艺术家们的创作筹措资金，逐渐地演变成如今的初创企业和个人为自己的项目争取资金的一个渠道。众筹网站使任何有创意的人都能够向几乎完全陌生的人筹集资金，消除了从传统投资者和机构融资的许多障碍。而众筹模式最大的功能不仅仅体现在拉低了创业门槛，更重要的是，无论作为创业者还是作为支持者，众筹在切切实实的改变着很多人的生活方式。也正是因为众筹，很多人有了不一样的经历。看看下面这个实例：

案例：罗振宇和他的《罗辑思维》

2013年最瞩目的自媒体事件，证明了众筹模式在内容生产和社群运营方面的潜力。《罗辑思维》发布了两次"史上最无理"的付费会员制：普通会员，会费200元；铁杆会员，会费1200元。买会员不保证任何权益，却筹集到了近千万会费。爱就供养不爱就观望，大家愿意众筹养活一个自己喜欢的自媒体节目。

而《罗辑思维》的选题，是专业的内容运营团队和热心罗粉共同确定，用的是"知识众筹"，主讲人罗振宇说过，自己读书再多积累毕竟有限，需要找来自不同领域的牛人一起玩。众筹参与者名曰"知识助理"，为《罗辑思维》每周五的视频节目策划选题，由老罗来白活。一个人民大学叫李源的同学因为对历史研究极透，老罗在视频中多次提及，也小火一把。要知道，目前《罗辑思维》微信粉丝150余万，每期视频点击量均过百万。

罗振宇以前是央视制片人，正是想摆脱传统媒体的层层审批和言论封闭而离开电视台，做起来自己的自媒体。靠粉丝为他众筹来养活自己，并且过得非常不错。

通过上面这个案例可以看出，众筹作为国内引进的互联网金融模式的一种，将互联网金融的特点进一步放大。当创业者可以通过众筹的方式进行融资，创业标准和难度会大大降低，同时众筹本身所具备的"团购＋预购＋SNS"的属性也给初期创业者带来了资源、初期用户等大方面的支撑。

如今，众筹作为互联网金融领域"助力梦想实现"的工具和手段，已然成为互联网金融领域的热点商业模式。众筹模式其实并不高深，中国有句古话说过，众人拾柴火焰高。众筹模式的出现，无疑为个人创业和企业打开了一条有效且有力度的融资渠道。互联网思维的创意入口一旦打开，汇聚的力量会让人惊奇。众筹带给融资项目的不仅仅是资金的支持，还有粉丝支持，以及众筹过程中所出现的相关资源等额外收获。

如果你也想让自己的创意变为现实，或者寻找好的创意、见证产品从设计到生产的全过程，从众筹中得到了一种有别于传统模式的全新体验，那么就赶快加入到其中来吧！

前世今生：众筹是如何发展而来的

其实，众筹并不是什么新鲜事物，只是众筹加上互联网，才如此火爆起来，2014 年下半年，用互联网思维解读众筹概念，已经成为企业圈子的热门话题。但是众筹的起源，却不是现代，因为我们发现，最早的众筹起源于宗教，其实就是一种集体投资的预付费模式，比如最常见的就是募集善款修建寺院。如此说来，佛祖释迦牟尼可谓是众筹模式的真正鼻祖，在当时没有发达的众筹平台下完成的一次次成功众筹，并最终实现了自我修行和广播信念，创造了东方文明最著名的宗教。这是一种最原始的众筹模式。

但是，这种众筹既没有完整的体系，也没有对投资人的回报，不符合商业

模式特征。众筹真正成为一种"商业模式"，是在 18 世纪。

1713 年，英国诗人亚历山大·蒲柏利用众筹的方式，筹措了翻译出版书籍的资金。当时，他花费近 5 年时间完成注释版的《伊利亚特》。启动翻译计划之前，蒲柏即承诺在完成翻译后向每位订阅者提供一本六卷四开本的早期英文版的《伊利亚特》，并将这些支持者（订阅者）的名字也列在当时的书上。这一创造性的承诺带来了 575 名用户的支持，总共筹集了 4000 多几尼（旧时英国的黄金货币）。

这或许是众筹在商业领域中的第一次尝试。

随着时间的推移，众筹模式不断地发展和创新，在当今互联网时代，传统融资模式已经被颠覆，新的众筹已经到来——互联网众筹。

互联网众筹最早从国外引进，兴起源于美国网站 kickstarter，该网站通过搭建网络平台面对公众筹资，让有创造力的人可能获得他们所需要的资金，以便使他们的梦想有可能实现。而事实上，世界上最早建立的众筹网站是 ArtistShare，于 2003 年开始运营，被称为"众筹金融的先锋"。

在美国加州，有一个叫马金·卡拉汉的人，她希望创作一部关于半人半妖的新漫画，第一期的创作和宣传费用预计需要 1500 美元，因此，她给 ArtistShare 网站写了一封介绍信，希望有人能够提供小额捐款。捐款者可以得到的回报是，捐 5 美元可以得到一册带有作者签名的漫画书，捐 100 美元可以得到一个带有以漫画故事中主人公为饰物的包。当然，只有收到的捐款超过 1500 美元，她的许诺才会兑现。结果是，她在很短的时间里就拥有了这笔捐款。

互联网众筹模式的兴起打破了传统的融资模式，每一位普通人都可以通过该种众筹模式获得从事某项创作或活动的资金，使得融资的来源者不再局限于风投等机构，而可以来源于大众。2012 年，奥巴马了签署《创业企业扶助法》后，众筹在美国更是得到了飞速的发展，并最终拓展到了全世界。2012 年秋天，众筹甚至成了欧美地区最火爆、最流行的一个词。有人甚至还说："众筹，拯救美国经济的最佳创新工具！"

众筹被引进中国后，很快就落地生根，迅速获得一批创业者的拥护。其原因主要是这种形式适合现在国内经济转型升级的大趋势。相关数据表明，最近一段时间内，国内经济增速整体放缓态势明显，企业开工率不足，国内经济传统的发展模式与如今国人实际需求产生些微背离，国人需求正在向个性化、精细化、创意化、差异化方向转移，工业产品设计、科技、音乐、影视、食品、漫画、出版、游戏、摄影等非主流工业产业逐渐成为市场需求主角，尤其是将互联网思维应用嫁接在传统产业上的市场需求更是火得不得了。面对这种旺盛的市场需求，互联网众筹无疑是大有用武之地，它可以通过在互联网上的传播效应，使一个个看似并不起眼的小创意、小设计、小研发带来的小改变，引起国内外对这一类小改变有兴趣和愿意支持的人的关注，从而将这些小改变落到实处，实现这些有创造能力但缺乏资金的人的创业梦想。

现在，中国第一个把众筹引进的平台点名时间，已经收到 7000 多个项目，接近一半项目筹资成功并顺利发放回报；众筹网累计投资人超过 5 万个，在演出、音乐、出版等多个领域的项目共筹得资金 1500 多万元；天使汇已经为 70 多家企业完成了超过 7.5 亿元的投资。

其实，从古至今，传统融资还是互联网众筹都是由多数人出资来提供给少数人，只不过改换了中间人而已。从某种意义上来说，现在的众筹是一种Web3.0，是将社会网络与"多数人资助少数人"的募资方式有机结合了起来，通过 P2P 或 P2B 平台的协议机制来使不相识的人之间融资筹款成为可能。

作为国内互联网金融的主要类型之一，众筹目前的行业发展规模虽然不大，与 P2P 动辄数千亿元的资产规模，电商金融化动辄万亿元的平台电商交易额相比，确实还像是襁褓中的婴儿，有很长的路要走。但就是这样一种新颖的投融资服务模式，有可能给我们未来的生产和生活带来巨大的变化，互联网众筹无疑值得我们等待。

众筹中国：众筹在中国的四种模式

众筹是一种新型的筹资渠道。众筹商业模式由筹资人、投资人和众筹平台这三个参与主体组成。筹资人通过众筹平台展示自己的想法或创意，获得投资人的资金支持。众筹平台是撮合筹资人与投资人的平台，众筹平台一般会规定当达到某种条件时，筹款人筹款成功，在筹款人筹款成功后获得一定比例的收益。

众筹按照回馈方式的不同可分为四大类型：债权众筹、股权众筹、回报众筹和捐赠众筹。

一、债权众筹（Lending-based crowd-funding）：类似于创意者就未来创意项目向投资人借款，即双方为借贷关系，当项目完成或有阶段成果时或之后，须向投资者返还所借款项，可以加入利息。简单来说就是，我给你钱你之后还我本金和利息。代表性的平台有人人贷、拍拍贷、网贷、易贷等。

案例：P2P 借贷

小徐是某事业单位的职业，工作之余，他喜欢做些投资，比如投资股票、期货、线下门店等。2011 年，在一次偶然的网络浏览中，他看到拍拍贷这家公司的报道，开始知道了"P2P 网贷"模式。他认为这是一次投资的机会，于是开始密集研究 P2P。逛 P2P 网贷论坛、加 P2P 投资 QQ 群，进入 P2P 网贷投资者的圈子。他的首笔网贷投资是在 2012 年 5 月底，第一笔投资金 9.5 万元本金投在了 P2P 平台易贷 365 上。

为何选择易贷 365，而不是其他的平台？他的回答是，几乎所有 P2P 网贷投资人入行首先了解的就是人人贷、拍拍贷、宜信。"但是，很多投资人喜欢高收益，而这些知名的平台月息 1 分多，很多投资人并不'满足'。我观察易贷 365 有做抵押的背景，感觉相对安全。标的额度较小，一个标的 10 万左右。"在第一笔投资获得（倍）回报后，他开始加大本金投入，把投资股票的钱全部抽回用于 P2P。

长期以来，小徐秉承着不能把鸡蛋放在一个篮子的原则，他先后选择了几家 P2P 平台进行投资。2012 年底，他投入的本金共达到 80 万元。后来，他陆续投过的 P2P 有 30 多家，投入的本金竟达到 230 万，盈利 60 万。

从上面这个事例，我们不难发现，债权众筹其实就是 P2P 借贷平台——多位投资者对网站上的项目进行投资，按投资比例获得债权，未来获取利息收益并收回本金。P2P 借贷平台这个话题比较大，一般也不包括在大众谈论的狭义众筹之中，因此本书将不再展开了。

二、股权众筹（Equity-based crowd-funding）：投资者对项目或公司进行投资，获得其一定比例的股权。简单来说就是，我给你钱你给我公司股份。代表性的平台有筹客邦、天使汇等。

案例：担保式股权众筹——贷帮网

贷帮网推出的股权众筹模式较为特别，其借鉴 P2P 模式，在股权众筹业务中加入了担保的元素，即：由推荐项目并对项目进行担保的众筹投资人或机构作为保荐人，当众筹的项目一年之内失败，保荐人赔付全额投资款，保荐人即为担保人。

2014 年 3 月，贷帮网推出的第一个股权众筹项目是深圳市袋鼠货运代理有限公司筹资项目，该项目的保荐人是深圳市酬勤投资顾问有限公司。该项目拟转让 24% 的股权，计划募集资金 60 万元人民币，以每份 3000（占股权 0.12%）的价格出让 200 份权益。这个项目比预设募集期提早了 13 天完成，即项目上线 16 天，就由 79 位投资者完成了 60 万元的投资额度。

三、回报众筹（Reward-based crowd-funding）：投资者对项目或公司进行投资，在项目完成后给予投资者一定形式的回馈品或纪念品。回馈品大多是项目完成后的产品，时常基于投资者对于项目产品的优惠券和预售优先权。简单来说就是，我给你钱你给我产品或服务。代表性的平台有融尚网等。

案例：Pebble E-Paper 智能手表

Pebble E-Paper 智能手表是由 Allerta 公司通过 Kickstaerter 平台发起的项目，这一项目最初融资目标定为 10 万美元，而实际是在 2012 年 4 月 11 日至 5 月 18

日短短 37 天之内就获得了 68929 人的资助，累计筹资额达到了 1000 万美元。其中，天使资金在项目之初就给出了 37.5 万美元的天使投资。

该项目是典型的回报型众筹项目，其在发布筹资信息时就设定了相应的回报设置，本书选取其中 5 个回报设置予以介绍：

1 美元：会让投资者了解到 Pebble E-Paper 智能手表的最新进展等独家消息，这一回报类别得到了 2615 位支持者；

99 美元：为投资者提供一款零售价为 150 美元的黑色手表，美国境内免费配送；加 10 美元可送货至加拿大；加 15 美元全球配送，这一区间吸引到了 200 位支持者；

125 美元：可从三种颜色的手表中任选一款美国境内免费配送；加 10 美元可送货至加拿大；加 15 美元全球配送。获得了 14350 位支持者；

240 美元：可从三种颜色的手表中任选两款美国境内免费配送；加 10 美元可送货至加拿大；加 15 美元全球配送。获得了 4925 位支持者；

1250 美元：把投资者的创意给该公司，公司为投资者设计制作专有智能手表，同时还能获得 5 款不同颜色的手表。美国境内免费配送；加 10 美元可送货至加拿大；加 15 美元全球配送。这一区间引起了 20 位支持者的关注。

事实上，回报众筹虽然还处于发展的初期，但是成了最受媒体关注的一种众筹形式，其中的原因不仅仅是由于其涉及了公众最关注的领域，更重要的是很多的项目利用这一模式取得其所期望的成功。

四、捐赠众筹（Donate-based crowd-funding）：投资者对项目或公司进行无偿捐赠，不求任何回报。简单来说就是，我给你钱你什么都不用给我。代表性的平台有微公益等。

案例：中国金融博物馆——《革命金融展》

中国金融博物馆成立于 2010 年，是以金融教育为主题的非营利公益博物馆。馆长王巍看到了众筹的精髓所在，他把众筹形容为一次"价值发现之旅"，将会是一种"汇聚点滴，化水为海"的过程，能吸引众多社会力量的参与。

于是中国金融博物馆项目来到了中国最具影响力的众筹平台，推出了极具分量的项目——《革命金融展》公益众筹。《革命金融展》以中国共产党的革命与金融演化历程为核心，对比英、美、法、俄等国历史，记录了中国近、现代金融体制的改革和金融观念的转变。众筹，正是能够体现那份庄严的历史厚重感，却又不失活力。

这次众筹的结果也印证王巍的预言，《革命金融展》主题展览成功众筹到32万元，得到了近200位投资人的支持，其中有从事金融行业的资深人士以及对金融有深刻认识的专业人士，也有很多对众筹有着浓厚兴趣的普通网络用户。这次的项目成功地让更多的人尤其是非专业人士开始了解和参与金融历史研究，也为中国的公益事业树立了榜样。

以上就是众筹目前在中国的四种模式。鉴于众筹发展趋势很迅猛，我们看到了未来的发展分割方向的垂直化和行业化的形成的可能，并且随着时间的发展，我们也将会看到更多新的众筹形式的出现。

众筹背后：读懂众筹的经济学

2014年，众筹在中国遍地开花，甚至有人把2014年比喻成"众筹元年"，不论此种比喻是否夸张，众筹的确在中国开辟了一条崭新的融资之路。继P2P之后，"众筹"正成为互联网金融行业第二个"野蛮生长"的领域。与传统的融资方式相比，众筹更为开放，能否获得资金也不再是由项目的商业价值作为唯一标准。只要是网友喜欢的项目，都可以通过众筹方式获得项目启动的第一笔资金，为更多小本经营或创作的人提供了无限的可能。

一个想法、一个创意，通过网络平台上一段简短的描述文案，或许就可以打造出一条完整的产业链条。如今，众筹这种新兴的模式已在中国悄然兴起。然而，由于法律、市场和文化差异等原因，众筹从美国传到中国后有点变了"味道"。在国内，众筹的概念虽然广为人知，但众筹平台以及通过众筹发布的产

品并不像国外那样火爆，甚至在国内本土化的过程中，已经出现了各种形式的变异。因此，我们需要理性地审视众筹的商业模式及背后的积极意义。

一、众筹的运作模式

前面我们提到过，众筹模式起源于美国，与传统项目融资的不同之处在于，众筹项目的投资方是大众。那么，众筹的项目或网站是如何运作的呢？

具体运作模式：每个项目都有目标金额和时间限制，项目必须在发起人预设的时间内获得超过融资目标的金额才算成功。没有达到目标的项目将退回所有支持者的款项以保障支持者的权益。而所有项目发起人都是实名认证的。项目上线前都已经通过工作人员一一审核、沟通、包装和指导。项目成功后，工作人员将监督项目发起人执行项目，确保支持者的权益。

二、众筹网站的盈利方式

通常来说，参与众筹的平台分为三种角色：平台搭建者，项目发起者和项目参与者。众筹网站为项目发起者和项目参与者搭建了一个对接的平台，并从中收取一定的交易费用。具体来说，有以下四种主要的盈利方式。

1. 成交费

这种收费方式是目前众筹网站普遍的盈利模式。无论哪种类型的众筹，几乎每一个众筹网站都会收取一定比例的成交费，这个数字通常为 3%～10%，有时甚至更高。这实际上是一种双赢的结果：只有项目成功时才需交费；如果项目失败且没有钱转手，通常情况下抵押金或投资金将返还到投资者手上。当然，这是一把双刃剑：你最终筹集的资金越多，那么成交费也越多。

2. 会员费

目前，众筹网站采用会员制的收费方式比较少，但我们已经看到了一些众筹网站提供了"会员"或"认购"服务。比如，88众筹网，它目前采取的方式就是，向创业个人或企业收取基础的会员费，然后再从项目筹集到的资金里按比例收取佣金。这实际上是双重的收费。另外也有一些众筹网站，如果你注册成为会员，并每月支付一定数额的会费，就可以创建任意多的项目。即便你的项目非常成功，众筹平台也不会从项目中抽取资金。

3．股权

有些股票众筹平台不止要成交费，还要你业务或公司的实际股权。这就不只是募集资金的百分之几，还有贵公司的未来期权收益，这种收费方式类似于投资者的投资。

4．服务费

目前，众筹网站的盈利模式并不是很清晰，所以一些众筹网站除了提供给创业者和投资者的常规服务，还提供额外收费的高价服务。这可能包括获得网站的咨询服务、材料评估、视频制作软件或专题位置。这种"免费增值"模式正在高科技产业普及，似乎在众筹产业也大有流行之势。真正的众筹服务市场大幕即将拉开，这无疑将给众筹网站提供更多寻找合作伙伴和赚钱的方法。

三、众筹的商业意义

众筹的种类很多，前面我们讲过，按照回馈方式的不同，可分为债权众筹、股权众筹、回报众筹和捐赠众筹。现在，我们抛开产品收益，从社会积极意义的角度出发，介绍一下众筹的商业意义。

1．帮人们实现梦想

从目前众筹的发展来看，帮助人们实现梦想是众筹的功能之一。几乎每个人的内心深处都隐藏着一个创业梦想，但并不是每个人的梦想都可能实现。而众筹的出现以帮助我们实现或检验我们内心的梦想。在众筹网上发起项目，往往会收到比较多的用户建议反馈，这些其实是对于创业者最为宝贵的财富，最终项目的支持程度，也可以反映出我们内心深处的创业想法会不会得到认同。个人想法毕竟会有局限性，通过众筹网可以给项目做一个预测试，这样就大大避免了最终创业失败的风险。如果你的项目能够得到大家的支持，那么你就可以获得相应的资金来实现资金的梦想。

案例：蚂蚁 T 恤利用众筹模式创业

唐志飞曾是一位做了 5 年技术的程序员，在他还是一个学生的时候就有一

个梦想，那就是做拒绝雷同、张扬个性，但同时还会让很多人接受的最极致 T 恤。那时青春热血的他曾试图向亲朋好友讲述他的想法，但却没有收到任何支持和鼓励，也没有人愿意出资资助这位梦想青年。然而他在通过 5 年的努力赚到一定启动资金之后，利用众筹模式，在众筹网发起"以蚂蚁故事为主题的 T 恤"项目，迅速得到了大家的喜爱。

相信有不少人每天在做的事情其实不是自己内心所喜欢的，而自己想要做的事情却因为种种理由而没有办法实现，但众筹网的出现，最起码让你有了一个梦想成真的舞台。这个做蚂蚁 T 恤的项目发起人利用众筹模式，在将自己的梦想以及自己所做的 T 恤样品展示出来之后，就立即获得了很多人的支持。此项目的原定计划是筹集到 8000 元，没有想到在项目发起的短短几天内，这个目标就超额完成，而现在这个项目也在以飞快的速度吸引着众筹用户的关注。

创业对于很多人来说都非常难，但众筹模式让创业的门槛变得更低。如果你的想法能够得到大家的认同，那么你既可以得到大家共同支持的项目启动资金，同时还可以得到初始用户的积累。

2. 高科技产品推广的平台

随着移动互联网时代的到来，让具有移动化、碎片化、简易化特性的移动智能设备，获得了巨大的发展机遇。继智能手机等智能终端之后，可穿戴设备 Macworld Asia 将成为移动互联网发展的明天。由于其市场巨大，很多厂家都在投入资金来进行开发。可穿戴设备需要大量用户进行测试，进行产品功能和外形的改进。而借助于垂直的众筹平台，可穿戴设备可以快速吸引用户参与测试，提供反馈报告，并且通过众筹平台吸引更多的客户注意，为自己的产品进行免费宣传。具有创意产品同样可以为众筹平台带来客户，增加客户的粘稠度，提高众筹平台的商业价值。众筹平台也可以吸引专业风险投资机构来加入，为这些高科技产品提供资金支持。

3. 社会企业和慈善事业的新平台

过去几年，中国的慈善行业从社会捐款、政府统筹的形式正在走向社会企业和个人独立发起慈善活动的形式，出现了各式各样的慈善平台和方式，众筹平台依据其自身特点，很适合发布慈善活动，实现我为人人，人人为我的目标。公益慈善事业可以帮助更多需要帮助的人，实现社会的和谐平等。

借助于众筹平台，可以发起多种形式的慈善活动，包括钱款捐助、衣物捐赠，义务支教，技能培训，产品销售，公益培训等。众筹平台的透明性较强，专款专用，有利于提高慈善活动的透明度，同时也有利于大众进行监督，平台可以收集慈善获益方的反馈，推动慈善事业的扩大发展。众筹平台也可以作社会企业产品和服务的展现平台，帮助社会企业进行产品推广，增加人们对于社会企业的关注，支持社会企业的发展，同时众筹平台也可以提供资源整合，为社会企业发展提供良好的环境。

案例：蒙牛M-PLUS智能塑形蛋白补给套装公益众筹

自2013年11月起，蒙牛乳业携手60余家产业链合作伙伴、数万网友一起为爱奔跑、为爱暴走，针对全国22个省市、600所需要帮扶的乡村学校发起近百场"交换卡路里"活动。活动参与人数约3万人，交换卡路里719万大卡，置换了近12万双手套、1000双鞋子和2000本作业本。"交换卡路里"活动的方式是：参与者捐赠运动消耗的卡路里，为山村的孩子们兑换手套、鞋子、作业本等物资。运用"社会化＋社交化"的公益参与模式，一点一滴凝聚社会力量，通过一点一滴的努力，为山里的孩子送温暖。

每售出一箱M-PLUS牛奶，将以支持者的名义捐赠10元用于公益项目；每捐赠运动消耗的100卡路里，即可兑换1元用于公益项目。

在这里，牛奶与科技碰撞出公益火花，每一位投资人对健康的支持就是对孩子梦想的支持，公益创新的理念在本项目中体现得淋漓尽致，更多的人可以边健身边做公益。

4. 销售、品牌的传播

众筹模式本身就具有媒体和社交传播的属性。用户在众筹网上看到一个好的项目，通常也会分享到自己的社交媒体上，介绍给朋友，同时一个好的项目

本身也具有新闻性，媒体也会进行报道，这些都给你创业产品上市之前，提供了免费传播的机会。而且据了解，众筹网的市场团队有好多来自媒体，这本身就有很大的传播价值。无论是销售，还是品牌的传播，众筹都是一个不错的策略。

案例：乐视用众筹开创了企业利用众筹营销的先河

国内知名视频网站乐视网牵手众筹网发起世界杯互联网体育季活动，并上线首个众筹项目——"我签C罗你做主"，只要在规定期限内，集齐1万人支持（每人投资1元），项目就宣告成功，乐视网就会签约C罗作为世界杯代言人。届时，所有支持者也会成为乐视网免费会员，并有机会参与一系列的后续活动。这可能是国内第一次用众筹方式邀请明星。

这次众筹项目的意义在于开创了企业利用众筹模式进行营销的先河。首先，利用了众筹模式潜在的用户调研功能。乐视网此次敢于发布签约C罗的项目，相信乐视网就早已准备好了要跟C罗签约世界杯，通过此次与众筹网联合，可以让乐视网在正式签约之前，进行一次用户调研。其次，乐视网通过与众筹网的联合，给签约C罗代言世界杯活动进行了预热。乐视网充分利用了众筹潜在的社交和媒体属性，在世界杯还没到来的时候就做出了充分的预热。最后，乐视网可以接触此次活动拉动世界杯的收视，并且为正式签约C罗之后的活动积累到用户。

乐视网的这一创举，一方面让众筹网越来越多地进入大家的视线，另一方面也给整个众筹行业起到了带动作用。

5. 维持、扩展社交圈

一个好的项目，不但需要一定的资金，还要有人脉和团队的参与。通过网上众筹，你可以找到跟你有同样想法的人，跟你一起创业，这为你的创业成功增加了重重的筹码。另一方面，支持人中，很多人或许就有"关系"，可以帮助你解决掉一些看起来比较头疼的问题。众筹平台利用其平台优势，将创业人才和资金用户连接起来，有利于创业者自身事业的发展和产品的完善，同时也有利于社会资源的整合，为投资者提供投资平台，为愿意帮助别人的人提供舞台。

早期的比较火的咖啡馆众筹算是一种社交众筹，大家希望在工作之余有一个社交、休息之所，后来就慢慢有了活动、单身社区众筹等项目。通过众筹的方式，不仅可以扩展社交圈，而且，可以带来更多的参与感，为社交创造更多的乐趣。

众筹平台通过以上的商业模式，将产生巨大的商业价值，同时对社会资源合理配置起到积极的作用。

众筹发展：众筹平台的发展及趋势

在互联网金融快速发展的浪潮下，众筹模式也得到了越来越多的人的认可，与此同时，其自身的平台价值和其发展潜力也不断地受到资本市场的追捧。那么，目前国内外众筹平台的发展状况如何，及未来的发展趋势又是怎样的呢？下面，我们来详细介绍一下。

一、国外众筹网站的发展

2008 年的全球金融危机对世界经济产生了巨大冲击，欧美银行的借贷行为加剧了中小企业的融资困难。这种背景下，融资门槛低、效率高的股权众筹模式应运而生，并迅速获得了市场认可，众筹平台不断涌现。以 Kickstarter、Indiegogo、网信金融旗下的众筹网为首的众筹网站正在飞速地向前发展。根据资料显示，2013 年全球众筹网站项目中成功融资的突破 100 万个，总金额突破 51 亿美元。

2012 年 4 月美国通过《就业法案》（JOBS Act），允许公司公开宣布融资的消息，敞开了创业企业进行股权众筹的大门。该法案细则为美国重要的一次新股发行、股权制度改革，开放了融资的限制，同时也要求股权众筹者每年通过股权众筹的方式募得的金额不得超过 100 万美元。2014 年上半年，美国国内众筹模式共发生募资案例近 5600 起，参与众筹投资人数近 281 万人，拟募资金金共 10426.99 万美元，实际募资金额 21508.61 万美元，募资成功率为 206.28%。在此背景下，美国多家股权众筹平台陆续通过资本市场一方面通过平

台为项目筹资，一方面在平台上开启网站自身的众筹之路。

2013 年，作为众筹网站的鼻祖 Kickstarter 在整体项目数量仅增长不到 2000 个（2013 年成功融资 1.99 万个，2012 年成功融资 1.8 万个）的情况下，获得 300 万人共计 4.8 亿美元的筹资，这个数字相比 2012 年 220 万人 3.2 亿元，总筹资额增长 50%。

Indiegog 尽管在体量上与 Kickstarter 还有一定的差距，但在过去的两年也获得了高速的成长。这家仅有几十个人组成的团队募集资金遍布 190 个国家，筹集到的资金增长近 10 倍，其中 Ubuntu Edge 更是惊艳亮相，在上线 24 小时内就募集资金 345 万美元，创造了速度最快的融资记录，而创业发明只占到整体的三分之一，其他创意、艺术以及个人梦想整体金额会更高。

二、国内众筹网站的发展

众筹模式在中国起步较晚，根据数据统计，在 2013 年底，我国所有的众筹平台数量不足 20 家，其中绝大部分为商品众筹平台，股权众筹平台只有寥寥数家。而截至 2015 年 6 月底，全国共有 235 家众筹平台，目前正常运营的众筹平台为 211 家，上半年新增众筹平台 53 家。一方面是平台数量的快速增长，另一方面平台的交易额也在不断攀升。2014 上半年，中国众筹领域共发生融资事件 1423 起，募集总金额 18791.07 万元人民币。其中，股权类众筹事件 430 起，募集金额 15563 万元人民币；奖励类众筹事件 993 起，募集金额 3228.07 万元人民币。

从数据统计来看，我国众筹行业发展速度较快，受到广泛的关注并被寄予厚望。但从现状上看，这一行业仍处于萌芽期，存在大量的基础问题有待众多从业者解决。而不同类型的平台也在积极展开探索，摸索适合于中国市场的众筹模式。正是这些探索，使我们有理由期待：作为支持创业、拥抱创意的行业，在巨大的创业需求面前，众筹不会昙花一现，与 P2P 借贷一样，它或将经历迥异于国外平台的发展路径，但总会找到适合自己的土壤，成长为互联网金融的一片茂密森林。

三、众筹的未来发展趋势

互联网金融创新正在改变以往创业投资的传统理念，各类众筹模式的兴起也正日益拓宽大众投资的新兴渠道。未来，众筹的发展有以下几大趋势：

1. 众筹平台垂直化

当今互联网发展格局，垂直网站是未来一大潮流，众筹平台也不例外。垂直类众筹平台向产业链整合发展，重点不仅仅在于为项目提供资金，而是以平台为依托，提供人才、渠道、管理等多方面的支持，其目的是成为依托网络的产业资源整合平台，帮助创业项目或创意人完成整个项目流程，实现自我提升乃至职业发展。这个趋势在电影、音乐等文创类垂直众筹平台表现得比较明显。就目前来看，我国的垂直众筹平台做得是风生水起，典型代表有：定位于微电影众筹项目的淘梦网；音乐行业的乐童音乐；动漫游戏行业的众豆豆和助力大学生实现梦想的酷望网。

选择做垂直众筹平台，除了去同质化目的以外，还有两个重要的原因：其一，垂直平台专一性的特点，使得平台能够规模化、低成本地细分众筹领域，满足个性化需求并形成独具特色的社区文化和基因，从而让投融资关系更加融洽；其二，垂直平台可以无限大地体现平台的专业性、权威性和定位精准地吸引到特定投资人群反复投资，增加黏性。

2. 众筹平台的多元化

目前，众筹平台的盈利，大多采用类似 Kickstarter 的主流众筹网络平台收取项目佣金的商业模式，但收取佣金并不是众筹平台盈利的唯一渠道。伴随着众筹模式和众筹平台的不断发展，未来众筹盈利的新商业模式大概还有以下几条道路可选：其一，以扩大市场，扩大网站流量为目的，做大后自然衍生网盟广告商业模式；其二，做大资源，把网上的创意项目与 VC 结合；其三，内部投资，自己做 VC 来投资优质项目；其四，增值服务，线上项目审核、项目包装、营销推广等。

3. 众筹平台的移动化

随着移动互联网时代的到来，人们的生活发生了巨大的变化，而对于众筹网站而言，移动化也是未来必须面对的问题。而且就众筹这种集资模式来看，移动端的众筹或许还可以带来更大的发展。试想一下，无论你身处何地都可以随时打开众筹网客户端，随便浏览一下，发现有比较好的项目，就随手支持了，这似乎也更适合众筹这种以创意为导向的平台的使用场景。目前一些有前瞻性目光的众筹网已经开始在这块布局，加快自己移动客户端的建设。这对于众筹网站而言，未来将会是获得用户芳心的最重要的平台。

4. 众筹平台的服务化

目前不少平台狭隘地认为众筹平台只要做到找项目和找投资就完事，殊不知项目众筹成功只是一个开始。众筹平台上升到一个阶段后，平台综合服务化的竞争将是未来众筹的一个发展趋势。

对于创业者来说，拿到启动资金只是创业开始的一小部分，后续的创业指导、培训才是至关重要的，尤其是在众筹上创业者大部分都是初次创业的情况下，市场刚需决定众筹平台绝对不能仅仅是一个众筹项目的展示平台，而必须是一个给创业者提供整合服务的一体化服务平台。

完整的众筹综合服务化平台一定要包括如下四点：其一，项目融资成功前的项目产品化。平台展现给投资方的融资方案一定要专业；其二，融资过程中的发起方要和投资方"亲密接触"，平台要给二者营造一个线上和线下沟通交流的环境；其三，融资成功后的进一步跟踪调查；其四，投后管理平台，与投资方建立良性沟通渠道。

目前，有一些众筹平台已经有了类似的意识，例如，点名时间就为优秀项目提供项目包装、媒体公关、投资人推荐、渠道对接等一系列的定制服务。云筹网也是注重于对平台上的项目提供一整套投后孵化服务，持续扶持项目成长。大家投更是宣称要"翻开新的篇章"，引入六大机制：项目整合机制、估值市场化机制、领投人与跟投人制约机制、投后管理机制、退出机制、风险补偿机制。

众筹网推出的众筹大学其实也是一个服务平台很好的展示，未来的众筹平台，不再局限于项目融资成功环节，综合服务化将成为未来众筹行业的重要趋势，只有这样似乎才能真正地体现出众筹的价值。

因筹而生，众筹所隐藏的商业价值或许远远不止你我看到的那样，而这恰恰是众筹本身的魅力所在。众筹在未来究竟会出现怎么样的玩法，或许可能还要发挥大家的想象，但无论如何，众筹给整个互联网行业甚至于国计民生带来的影响都将会是颠覆性的。

第二章

众筹崛起：众筹创新融资新模式

众筹
超实用的互联网融资指南

为梦而生：众筹青睐的几个领域

梦想是免费的，但实现梦想的成本是高昂的。但自从有了众筹平台，任何人都可能成为造梦者和创业者。我们可以将自己的创意和项目放在众筹网站上，向投资者和消费者展现我们的才华和产品，并接受消费者的检验，如果其作品真的得到大家的好评，具有市场，我们就可以通过众筹平台轻易汇集资金，找到厂家来生产。生产者和消费都可以来源于众筹平台，这个众筹项目不仅可以为投资者和生产者带来收益，同时还可以实现我们的梦想和自我价值。

为梦想而生，或许正是众筹最大的特色。那些做各种数据分析、看趋势统计和追求投资回报的财务模式之外，众筹的模式不仅多了一种理想主义的情感因素，还更多了一种对梦想的扶持。从这个角度而言，众筹模式更符合互联网本身分享的特性，同时在互联网金融的浪潮中更具有生存的空间。

借助于众筹平台，每个人都可以发挥自己的才能，实现个人梦想，众筹平台将会成为每个人的第二人生舞台，利用认知盈余开创人人时代。其中，以下几个领域的众筹最受投资者的欢迎：

1. 艺术领域

艺术家成长的道路艰辛苦涩，面临着内部和外部的压力，如果没有用户的支持，很多艺术家就会半途而废。有的人可能会屈于某种压力，放弃了自己的个性，丧失了艺术家的独立性，成为模子化的庸才。而借助于众筹平台，艺术家完全可以向社会展示其艺术作品，无论是雕塑也好、油画也好、工艺品也好。独立的艺术家可以通过众筹平台募集资金来办展览或生产，借助于众筹平台，艺术家不但可以来展示自己的才华，得到用户的认可，还可以通过平台听取广大用户的建议，对自己的艺术作品进行再次创作，寻找新的灵感，升华自己的作品。众筹平台带给艺术家的不仅仅是资金的支持，同时带给艺术家的是更多用户的支持和鼓励。用户完全可以通过众筹平台来帮助艺术家成长，成为艺术

家的大众经济人，同时获得资本收益。

案例：何成瑶——行为艺术项目"出售我的100小时"

2014年3月，知名女性当代艺术家何成瑶在众筹网上启动了行为艺术项目"出售我的100小时"。项目规定：当网友众筹总额达到50个小时以上，何成瑶将在网友指定购买的时间段内，每秒钟记录下一个点，并以这些点画出一幅"时光秒轮图"样式的观念作品，作为给予网友购买她时间的回报。何成瑶的每个小时售价为2000元，且最多销售100个小时。此举无论在国内艺术界还是众筹界，皆属首创。该项目启动当天，8个小时内便成功众筹12万余元，远超50个小时10万元的最低额度。

2. 音乐领域

目前，音乐众筹已经成功运用到了音乐产业的各个方面，包括音乐硬件、专辑发行、音乐人活动、演唱会和音乐周边产品等等，从音乐人、音乐迷到音乐商业，众筹已经触碰到了音乐最边缘的领域。如今一些众筹平台已设立音乐专区，乐童音乐、5SING众筹等平台则只专注于音乐众筹。

案例：Pono播放器——音乐众筹的实践①

Pono播放器的项目发起人是尼尔·杨（Neil Young），他是摇滚歌手、音乐人、导演、编剧。尼尔·杨是摇滚乐诞生以来最有影响力的艺术家之一，也是近年来为数不多的仍保持着旺盛创作精力的老牌艺人之一。

发起人发起这个项目的初衷是想要制作颠覆MP3的音乐播放器，把真正高品质的音乐呈献给听众，让听众和音乐之间能够零距离，同时他还想要打造一个属于Pono播放器的高品质音乐库来满足人们对高品质音乐的需求。这个项目让每一个出钱的人都感觉自己能改变人们对音乐的看法，改变音乐在人们生活中的地位，让项目支持者觉得自己的举动是非常有意义的。

项目发起人用了35天赢得了16253名支持者，原目标金额是800000美元，实际金额达到了5514779美元，远远超过了预期。后来，唱片业三大巨头——华纳、环球、索尼已经同意把旗下所有艺人的原始母带提供给尼尔·杨的Pono项目。

项目发起人充分调动了听众的参与感和意义感。在项目进行期间，项目发起人时常更新项目主页，做到和粉丝之间的互动；在营销方面，发起人还联手大牌艺人金属乐队、艾尔顿·约翰（Elton John）、汤姆·佩蒂（Tom Petty）、佩蒂·史密斯（Patti Smith）、赫比·汉考克（Herbie Hancock）等出 Pono 的签名版播放器。这些举动都无疑助力 Pono 获得了成功。

音乐众筹若能进行深挖运作，不失为音乐产业，特别是边缘、小众音乐产业发展的好思路。众筹可以在保证商业利益的情况下，维持音乐本身的可持续发展和内在精神，对音乐产业的良性发展或能有较大推动。

3. 公益领域

在大多数人眼中，公益原本与众筹就是一回事，不同的是其他众筹要求回报，而公益则不要求回报。确实，不少众筹网站的公益项目与普通的公益并无区别，但受众筹一般规则的影响，大部分众筹平台的公益项目与普通的公益还是有所不同的。一般来说，众筹的项目必须在发起人预设的时间内达到或超过目标金额才算成功，有具体的时间和金额限制，否则众筹失败，已筹资金就要退还支持者，这一点与普通公益有很大差别。

案例：寇尧——为山里的孩子录专辑

寇尧是在美国迈阿密读过书的西安娃。2013 年 8 月盛夏，她坐上了去往云南边远小镇的汽车，到那里为少数民族孩子教唱民歌。她和彝族布朗族孩子们，花了整整 9 个月的时间，重新拾起了被忘却的乡音，迎接了蜕变和成长。

为了让这段难忘经历能够记录和保存，也为了孩子们能在复兴民族艺术的道路上不再独行，寇尧发起了《为山里的孩子录专辑》公益众筹项目，邀请网友一起体味藏在深山中的民族传承和情怀。共有 45 位爱心人士为寇老师和孩子们支持了 12820 元，他们收获纯净的乡音，也体验了成为民艺导师的快乐。更可贵的是，那份浓浓的家乡味让每位参与者都难以忘怀。

用众筹的方式做公益，不仅有利于普及大众对众筹的认识，还可以促进公益事业的发展。例如，众筹要求支持者与发起者之间建立较紧密的联系，不是

交了钱就完事的一次性捐赠,这种紧密的联系有利于公益项目的监督和实行。另外,过去不少公益项目的主要支持者是"有钱人",一些公益项目的透明度和开放程度受到了限制。众筹开放式的运作方式,不仅便于更多的人参与到公益事业中来,而且也能激发创意型的公益项目,促进公益形式和运作模式的发展。

4. 影视领域

"众筹"在电影产业中是一股新的推动力量。互联网、金融巨头的纷纷介入让电影"众筹",筹足了资金的同时也赚足了眼球。2014年3月,阿里巴巴推出了一款理财产品——娱乐宝,很多人就将娱乐宝解读为影视众筹,由此引发了大众对影视众筹的高度关注。紧随其后,百度高调推出其众筹平台——百发有戏,直接将影视众筹作为主打王牌,可见影视众筹之火热。

电影众筹是许多众筹平台的主攻方向。在众筹网的1153个项目中,有64个为影视项目。虽然数量不多,且多为小众独立电影或网络微电影。但其代表项目《我就是我》因20天内依靠众筹的方式成功筹集到了500万余元,引起了主流市场的注意,该片也已经以纪录片的身份成功登陆内地院线。这部电影的众筹模式一度被业内认为是经典案例。另一个成功的案例是2014年8月发起的《十万个冷笑话》大电影众筹项目,最终吸引了超过5000位电影微投资人,筹集到超过137万元的投资,已于2014年12月31日上映。

影视众筹是一个充满着梦想,充满着青春,充满着力量的事业。随着微电影、粉丝经济等多种元素的逐渐成熟,众筹虽然在短期内还无法撼动传统影视的制作模式,但是毫无疑问的,众筹将为影视行业,甚至文化艺术产业的发展格局带来巨大影响,这种影响将是充满积极意义而且深远的。

5. 游戏领域

游戏如今已经有了较为广泛的群众基础,比较符合众筹的先决条件。近年来,随着游戏的关注人群日益壮大,游戏产业也得到了长足的发展,游戏行业的巨大金矿也引起了大资本的注意。但是对于游戏研发者来说,长期以来受限于资本方的绝对控制权等原因,游戏研发的自由度与资金支持之间一直存在矛盾。

众筹的方式既可以筹集到游戏研发运营的资金，同时也可以在一定程度上降低资本、出版商等对研发的控制，在研发过程中不需要受到过多商业因素的影响，比较符合游戏迷和游戏研发者的心意。

众所周知，Kickstarter 是目前最大最知名的众筹平台，截止到 2014 年 3 月，已经达到了 10 亿美元总筹资金额的里程碑。而在所有项目中，游戏众筹的贡献最大，占最主要部分。人们总共投资了超过 2.15 亿美元给游戏相关的项目。而公认的在 Kickstarter 上开启了游戏众筹新纪元的项目，是来自大双喜（Double Fine）的游戏项目《破碎时光（Broken Age）》。这款游戏打破了多项纪录：在仅仅 8 小时内就获得了 100% 的筹款——4000 万美元。不仅如此，在 Kickstarter 上众筹的游戏种类繁多，既有硬核玩家钟爱的各种 PC 和主机游戏，也有最近流行的移动端游戏。

众筹的出现，悄悄改变了游戏的消费模式和观念，游戏已不仅仅局限于功能性消费了，而是转向情感性消费。让喜欢玩游戏的人支持做游戏的人，帮助梦想变成现实。

6. 智能硬件产品

随着各大互联网巨头纷纷加入众筹阵营，智能硬件成为热门的众筹项目。智能硬件产品众筹之所以能热起来，一方面是得益于大众近年来对科技领域的高关注度；而另一方面则是因为智能硬件产品大多新奇好玩，符合大众求新求趣的心理，而且众筹资金比较适中，对于那些喜欢科技的人来说，众筹无疑是一个低成本参与科技发明创造的好办法。

智能硬件产品的火爆背后，"众筹"平台发挥了不小的作用。Bits of Cents 在其网站上发布了 2015 年第一季度硬件众筹的分析报告，其中统计了国外最热门的两个众筹平台在 Indiegogo 和 Kickstarter 的硬件产品项目。数据显示，128 家硬件公司在第一季度预售了将近 7000 万美元的产品，相当于 Indiegogo 和 Kickstarter 前五年硬件项目众筹总额的 35%。其中，可穿戴设备募资金额遥遥领先。而最受欢迎的是一款名为 Pebble Time 的智能手表，该产品获得了 2000 万

美元的筹资额，并打破了之前所有众筹项目的纪录。

此外，配件类（可插入电脑、手机和平板的设备）及家庭类（用于安防、烹饪和清洁的设备）硬件产品，在第一季度也较受欢迎，总共 42 个项目获得 1560 万美元筹资。自行车类别产品中，5 个产品获得 610 万美元众筹金额。

而在国内市场，京东众筹自 2014 年 7 月上线至今，该平台共上线 300 余个项目，筹资超过 1.4 亿元人民币，其中智能硬件项目占比 56%。这其实也是很多众筹平台共同的现象，硬件创业和众筹似乎有着天然的契合。通过众筹平台发布创意项目并募集资金，能较好地规避创业团队重技术轻市场的短板，还能够有效解决小团队硬件创业中的资金来源、投入风险、产品体验反馈、品牌传播和用户培养等问题。例如，在京东众筹平台"凑份子"上，创新产品孵化器太火鸟和 Dream Maker 造梦者联合推出了一个号称全球首款革命性智能空气净化器的项目，该项目于 2014 年 6 月 27 日发起，原计划筹集 30000 元，最终筹集到了 1215983 元，迅速让创业团队具备了实现创意的可能。

综上所述，众筹模式的发展将会在很大程度上改变国内现有创业资金的筹集方式，很多行业都会因此而获利，而并非只有上面提到的几个。目前国内众筹模式还并没有开始大范围的普及，所遗留的信任、推广、监管等一系列的问题，还需要大家一起去拓展。但我们相信，到众筹模式真正发展壮大的时候，它所焕发出的能量一定会超出你的想象。

众筹融资：改变传统融资模式

众筹是互联网时代区别于传统融资的新型融资模式。从参与主体角度看，众筹融资涉及多方主体，包括投资人、募资人、众筹平台，并且这些主体都不同于传统上的类似功能主体，如投资人以小额投资为主，募资人一般多为小型企业、初创企业或者艺术、科技等领域的创意项目所有人。从平台角度看，众筹融资平台一般是互联网形式，而不是传统的金融机构、交易所平台。从具体用途看，众筹融资可以用于支持各项事业，如疾病救济、竞选活动、艺术演出、初创企业融资、科学研究等等。相对传统融资模式，众筹融资是一种更为大众化的筹资方式，其兴起为更多小规模企业或拥有创意项目的人提供了融资可能，也为普通民众小额投资提供了新渠道。

众筹的出现，源于互联网时代的到来，具备了技术上的可能。但这种新的金融业态之所以能够很快从美国传播到全球，在中国等新兴市场也大行其道，变成热门的关键词，很重要的因素在于传统的金融体系具有相当的封闭性，融资流向表现出典型的"马太效应"，即金融资源错配。

在众筹出现之前，中小企业和债务方一般都会利用民间融资渠道，需要付出很高的融资成本；而且，由于游离于金融监管体系之外，经常会受到政策法规的极大抑制。因此，在最近几年，一方面民间闲置资本总量不断累积，不断推高房价、艺术品价格等一切可以带来短平快投机利润的交易产品或项目的价格；另一方面，实体经济缺乏足够的资本支持，创业者通常很难获得正规金融渠道及民间融资渠道的青睐。

众筹是典型的互联网金融创新！互联网金融最直接的价值就在于渠道价值，借助大数据形成信用评价体系，促成供需双方直接对话并完成融资对接。包括众筹在内，互联网金融对传统金融交易规则、交易模式、中介游戏规则都带来了颠覆性的挑战，可以有效解决部分金融资源错配的问题。但众筹等新模式也引来了很多非议，因为其挑战的不仅是传统金融机构与业务，还包括现有的金融监管框架和理念，风险是很难控制的。

众筹的出现，迎合了融资市场上最有活力的小微企业和新兴产业服务的资金需求。在美国，甚至有人把众筹比作"挽救美国经济的最佳创新工具"。认为众筹给人民带来了新的动力，因为允许任何人为商业创新、生意机会乃至一项公益事业提供资金，从而使每个人都可能"有所作为"；同时，众筹允许社会各个阶层资助能够带动就业的新企业，也为这些企业提供了可筹借贷资金的新渠道。

案例：Oculus

Oculus 是 Kickstarter 上的一个明星项目，致力于建造一款头戴式可沉浸娱乐设备，当时炫目的视觉效果以及与游戏结合的生态吸引了很多人。2012 年 8 月在 Kickstarter 上 1 日便募集了超过 25 万美元的目标，一个月累计募集了接近 250 万美元。

此项目采用奖励众筹方式，除了可以获得 T 恤与海报外，资助超过 275 美元的投资人将会在项目成功时获得至少 1 套组装完毕的机器套装和配套软件（这套设备售价约 350 美元）。伴随着项目设备的成熟与发展，2013 年 6 月与 12 月分别完成了 A/B 轮融资，最后于 2014 年 3 月被 Facebook 以 20 亿美元的价格收购。

从商业的角度来看，这个项目在运作上堪称一个完美的成功案例。但是各方对于这个结局的看法显然是不同的。虽然最初的众筹出资人很多都收获了那套他们预想的设备，但是他们中的很多人认为自己被愚弄了，他们为这个项目投入了大量的感情期望并且一直期待这个公司能够做出一些基于狂热创造想法而非侧重商业化的产品。

其实，很难说在这个项目上谁是对的，正如一名评论人士所说"只有在 Kickstarter 上这样一笔 20 亿美元的被收购能够被称为失败。"如果 Oculus 当初采取的是股权众筹，现在又会是怎样，至少这笔收购可以让绝大多数小股东们兴奋好长一段时间。

在美国，常见的众筹发行方式有私人发行公开募集众筹、州内众筹、注册式众筹等。2012 年，美国国会通过了《初创期企业推动法案》，正式将众筹融资合法化，明确了发行人基本信息披露义务，建立起了小额投资者保护机制，明确了众筹中介角色与职能。如今，美国已经建立起了对众筹融资的平衡监管，从强制注册和信息披露为重点转向设定投资者上限。2012 年，全球已有超过 100 万个众筹项目成功募集到了资金，增长率高达 81%，资金募集总额达 26.7 亿美元。

当然，众筹平台和项目运作最为成熟成功的地区，仍是北美和欧洲。众筹在中国的发展面临良好机遇，这就为解决金融资源错配难题提供了有效的途径。现在的问题就在于：第一，现有的众筹项目同质化程度较高，绝大多数都是初级形态"粉丝经济"的项目变种；第二，发起方一般都经验不足，发起方与参与者不仅存在盲目乐观情绪，而且普遍缺乏风险意识，公众金融风险意识薄弱；第三，众筹项目平台缺乏风险控制能力，与金融监管部门、传统金融机构的联系不够紧密；第四，金融等监管部门对众筹与非法集资的区别认识不到位。

因此，对于我国来说，在短期内出台专门的众筹立法或监管体系，难度较大。更可能的做法是，立法者和监管者采取中国特色的试错方式，允许深圳、上海等城市一地或多地开展这方面的实验。

2015 年 6 月 16 日国务院发布了《关于大力推进大众创业万众创新若干政策措施的意见》表示要"引导和鼓励众筹融资平台规范发展开展公开、小额股权众筹融资试点"体现出明显的支持态度。7 月 18 日出台的《关于促进互联网金融健康发展的指导意见》（下称《指导意见》）则第一次对股权众筹及相关概念作了较为明确的规定：股权众筹融资主要是通过互联网形式进行公开小额股权融资的活动，股权众筹融资方应为小微企业，股权众筹融资必须通过中介机构平台进行，股权众筹融资业务由证监会负责监管。这为行业的发展无疑注入了"强心剂"，股权众筹无论在身份上还是未来发展都已经得到了决策层的认可。

或许股权众筹的中国式崛起真的能吹起那些"风口上的猪们"。股权众筹不仅降低了股权投资的门槛更为创业者们提供了新的融资渠道。不少业内人士都认为股权众筹平台可能会成为中国资本市场的"新五版"。为了提高众筹项目的成功率帮助项目成长不少平台也与孵化器、风投机构等专业机构合作。

目前也有不少平台给企业提供一条龙的融资服务。以早期成立的天使街为例，他们主要是以互联网为手段为中小微企业提供全生命周期的金融服务，从

天使轮到 A 轮的在线众筹股权融资再到 B 轮到 C 轮的股权 + 债权融资服务最后到 C 轮 Pre-IPO 的股权转让服务和 IPO 的转板服务。

除了融钱，还可以"融智"、"融资源"、"融用户"等等，股权众筹平台成为了创业者们迈出市场累积用户的第一步。对于初创企业而言，从 0 到 1 的过程往往是最难的，这时候如果有在各个专业领域的"意见领袖"投资者的话也可以成为企业发展最好的"智囊团"。

众筹融资的构成包括以下几项：

1. 项目发起人（筹资人）

项目是具有明确目标的、可以完成的且具有具体完成时间的非公益活动，如制作专辑、出版图书或生产某种电子产品。项目不以股权、债券、分红、利息等资金形式作为回报。项目发起人必须具备一定的条件（如国籍、年龄、银行账户、资质和学历等），拥有对项目 100% 的自主权，不受控制，完全自主。项目发起人要与中介机构（众筹平台）签订合约，明确双方的权利和义务。

项目发起人通常是需要解决资金问题的创意者或小微企业的创业者，但也有个别企业为了加强用户的交流和体验，在实现筹资目标的同时，强化众筹模式的市场调研、产品预售和宣传推广等延伸功能，以项目发起人的身份号召公众（潜在用户）介入产品的研发、试制和推广，以期获得更好的市场响应。

2. 公众（出资人）

公众（出资人）往往是数量庞大的互联网用户，他们利用在线支付方式对自己感兴趣的创意项目进行小额投资，每个出资人都成为了"天使投资人"。公众所投资的项目成功实现后，对于出资人的回报不是资金回报，而可能是一个产品样品，例如一块 Pebble 手表，也可能是一场演唱会的门票或是一张唱片。

出资人资助创意者的过程就是其消费资金前移的过程，这既提高了生产和销售等环节的效率，生产出原本依靠传统投融资模式而无法推出的新产品，也满足了出资人作为用户的小众化、细致化和个性化消费需求。

3. 中介机构（众筹平台）

中介机构是众筹平台的搭建者，又是项目发起人的监督者和辅导者，还是出资人的利益维护者。上述多重身份的特征决定了中介机构（众筹平台）的功能复杂、责任重大。

首先，众筹平台要拥有网络技术支持，根据相关法律法规，采用虚拟运作的方式，将项目发起人的创意和融资需求信息发布在虚拟空间里，实施这一步骤的前提是在项目上线之前进行细致的实名审核，并且确保项目内容完整、可执行和有价值，确定没有违反项目准则和要求。

其次，在项目筹资成功后要监督、辅导和把控项目的顺利展开。最后，当项目无法执行时，众筹平台有责任和义务督促项目发起人退款给出资人。

造梦引擎：私人定制你的创业梦想

很多人都有自己的梦想，但却无法实现；很多人创意满满，却缺少资金！这些使很多好的创意，好的产品最终流产，但现在这种问题却有了新的解决方案："众筹"。

自从有了众筹平台，任何一个人，只要有才华和创意，只要你能吸引足够多的人来关注和支持你，你都可以筹集一笔钱去实现你的创意和梦想。凯文·凯利在其著作《技术元素》中提出了"1000个铁杆粉丝"的设想："创作者，如艺术家、摄影师、工匠、演员、设计师、视频制作者或者作家，换言之，也就是任何创作艺术作品的人只需拥有1000名铁杆粉丝便能糊口。"如今，众筹这种新兴的融资模式似乎已经将这个设想转换成了现实。

2014年6月，在淘宝众筹平台上出现了一个"子曰天的时间，茶叶"的众筹项目，这是一个由85后90后的年轻人打造的专属定制的茶叶品牌，仅仅用了10天的时间，就获得了众筹资金约89万元。这个创业团队通过有趣的文案、独特的设计以及丰富的产品类型，吸引了众多年轻网友的目光，也成为了目前

众筹
超实用的互联网融资指南

淘宝众筹平台上筹得金额最高的一个项目，远远超过了最初获得10万元支持金额的预期。

投资"子曰茶叶"项目的网友，根据不同的实际情况选择支持方案，50元到18000元不等，不同的支持额度也会对应不同的回报。目前，已有564位网友支持了这个项目，而其中47位选择18000元的最高金额支持方案。微博网友@修米梁阿一说，选择"子曰茶叶"就是因为看中了这个品牌的独特设计，而随茶附送的一些喝茶小配件，也都体现了设计者的用心。

一个项目策划、一个文化创意，在专业的众筹网站上一经发布，就有可能吸引网友的筹资，从而获得启动资金。对于那些刚刚创业的人们来说，众筹确实提供了一种把梦想、创意变成现实的机会。

2012年4月11日晚上8点，美国小伙埃里克抱着试试看的心态将自己的一款智能手表项目放到了众筹网站上，希望给自己眼看就要"夭折"的项目筹集到10万美元，让这个现在因为经济困难而暂停的项目能够继续发展下去。在提交方案并发布之后，埃里克便和团队另外4名成员出门吃饭。当两个小时后他们吃饭归来时，"奇迹"发生了，10万美元的筹资目标已经完成，并且还在迅速增加，28小时之后，该项目筹集到的资金突破了100万美元，并最终募集到的资金超过了1000万美元。

然而，在此之前，埃里克为推销这款智能手表吃了无数的闭门羹。他接触了大量的风险投资机构，尽管他的智能手表无论在功能还是外观设计上都表现得非常优秀，但是对于一款尚未取得市场地位的智能手表而言，风险投资者们表现得相当谨慎。

就在这几近绝望的时候，埃里克在众筹网站上将自己的智能手表以卖产品的方式进行了众筹。作为项目发起人，埃里克为投资人设计了21种募投方案，其中最少投资为99美元，投资人可获得一款深黑色的智能手表；最高投资为1万美元，投资者可获得100只自选颜色的智能手表。而就是这样一种简单的网络融资方案，让埃里克一夜成名。如今，埃里克运用网络众筹这一无心插柳的举措已被当作一个科技公司的创业传奇。

其实，梦想是不分大小的，而且它也不关乎你是为了自己还是为了别人，只要你有梦你就可以在众筹平台，去为自己的梦想努力，去吸引大家来支持你的梦想。这就是众筹，众筹就是为了梦想而生。

美国著名学者 Jane McGonigal 在《游戏改变世界》中写下了这样一段话："为什么很多人喜欢玩游戏？因为可以产生幸福生产力，指的是深深地沉浸在能产生直接而明显结果的工作中所产生的一种感觉。结果越清晰，实现得越快，感受到的幸福生产力就越多。"众筹也是一样，当一个支持者出资帮助另一个人逐梦之后，逐梦者的梦想从某种意义上来说也就成为了出资者共同的梦想，而"群体梦想"的最终实现将会使所有参与其中的人获得期盼得以满足的成就感及幸福感。对于个人而言，只要你的情感足够真挚，你的梦想可以引起共鸣，就能够激发和获得幸福生产力，就会有人愿意为"你们的梦想"共同出资并努力，甚至由此获得更多的朋友、更广义的财富。

借助网络手段调动大众力量推动投资、创业等，当前已成为了一种趋势。众筹模式让众多"草根"更多地介入个人或机构的创业或实现梦想的过程，他们不再只是消费者或旁观者。

Harker，是一个芝加哥装饰性雕刻艺术家，主要进行骷髅头镂雕。虽然他一直兢兢业业，但是在芝加哥知名度并不高，如何提高自己的知名度，让更多人看到自己的艺术作品呢？有一天想出了一个绝妙的好办法，他在 Kickstarter 众筹网站发起一个众筹项目，筹资目标非常低，只有区区 500 美元。

同时，他设置了详细的回报方式。比如 1 美元是"谢谢你，你的名字将出现在艺术家的主页上"；50 美元会得到一个小的雕刻；100 美元可以得到一个中等的骷髅头骨；250 美元可以得到一个的头盖骨骷髅。此外有 500 美元、1000 美元、2000 美元的回报方式。

最后这个众筹项目取得了空前的成功，共有955人成为这个项目的支持者，Harker 成功融资 77271 美元。

Harker 这个众筹案例被美国业界称为"超募的经典案例"，因为他成功靠的是"创意＋技术＋众筹"的互联网金融的融资模式。

作为一种实现梦想的机制，众筹模式提供的远不止是资金。例如，即便众筹的目的是私人化的利益，也是需要公开自己的计划和想法的，这些计划和想法将被讨论和完善，让梦想变得更清晰，也更有可实现性。

那么，众筹究竟能够帮助我们什么？实际上，众筹除了能够帮你"私人梦想"筹集到前期的资金之外，还可以给你很多意想不到的收获。首先，你可以通过大家的反馈和支持程度，来确定你的梦想是否有实现的价值；其次，你可以为你的梦想收集到第一批关注者；再次，众筹本身具有媒体和社交的属性，很容易给你的项目带来裂变式的传播；最后，难保在你的支持者中不会有跟你志同道合的人，来共同完成你的愿望。

2014年，做鸡蛋生意的张志文想在鸡蛋上搞些创新，推出在蛋壳上绘画的"小捣蛋"，当时这只是一个设想，要实践的话需要购置新的设备，需要投入大量资金，风险较大。但是他最需要的并不是资金，而是推广"小捣蛋"的人。

2014年4月19日，在微信上拥有8万多粉丝的张志文发起了"小捣蛋"众筹，目标是征集100个人，每个人都要先交1296元成为会员，然后以1200元一股入股'小捣蛋'。

一个晚上，张志文就征集到了100个人。6月2日，"小捣蛋"产品上线，第一个月销售额就将近一百万，之后两个月"小捣蛋"月销售额突破百万。

在国内，众筹融资平台是个舶来品，创业者和投资人通过虚拟空间的项目展示进行资金对接，而投资回报则是相应的产品和服务。这种基于互联网渠道而进行融资的模式，无疑可以帮助草根创业者开辟最低成本的融资和推广渠道。目前国内许多众筹网站纷纷打出"梦想成真"、"实现梦想"的口号，这确实契合当下"大众创业，万众创新"的时代精神。

众筹的魔力正在快速的走进我们的生活，在这里你的梦想大家来帮你实现，人人都可以成为天使投资人。

股权众筹：众筹的高级梦想

随着互联网技术的不断创新和升级，投融资需求的多元化已经开始迫使传统金融不得不进行改革。当冷冰冰的金融加上互联网思维，就产生出了更方便、更平民化、收益率也相对更高的余额宝、百付宝等平民理财产品，而如果互联网金融再插上梦想的翅膀，众筹模式就应运而生。

股权众筹是一种互联网上进行股权转让和交易的方式，即公司出让一定比例的股份，面向普通投资者，投资者通过出资入股公司，获得未来股权及各种收益。对于企业股权众筹的方式可以解决发展、营销、资源等多类困境，对于投资者，众筹的方式可以降低投资风险。

一、股权众筹分类

股权众筹从是否担保来看，可分为两类：无担保股权众筹和有担保的股权众筹。

1. 无担保的股权众筹

无担保的股权众筹是指投资人在进行众筹投资的过程中没有第三方的公司提供相关权益问题的担保责任。目前国内基本上都是无担保股权众筹。

2. 有担保的股权众筹

是指股权众筹项目在进行众筹的同时，这种担保是固定期限的担保责任。但这种模式国内到目前为止只有贷帮的众筹项目提供担保服务，尚未被多数平台接受。

二、股权众筹运营模式

1. 凭证式众筹

凭证式众筹主要是；指在互联网通过卖凭证和股权捆绑的形式来进行募资，出资人付出资金取得相关凭证，该凭证又直接与创业企业或项目的股权挂钩，但投资者不成为股东。

2. 会籍式众筹

会籍式众筹主要是指在互联网上通过熟人介绍，出资人付出资金，直接成为被投资企业的股东。

3. 天使式众筹

与凭证式、会籍式众筹不同，天使式众筹更接近天使投资或 VC 的模式，出资人通过互联网寻找投资企业或项目，付出资金或直接或间接成为该公司的股东，同时出资人往往伴有明确的财务回报要求。

三、股权众筹的构成要素

股权众筹的构成要素包括：项目的发起人、项目的投资人、连接发起人和投资人的互联网平台。股权众筹具有门槛低、多样化、注重创新等特征，通过审核，发起人将项目通过平台予以展示。

筹资项目在发起人预设的时间内达到或超过目标金额即算成功，发起人可获得资金。筹资项目完成后，投资者将得到发起人的股权回报。如果项目筹资失败，则将所筹资金全部退还投资人。

四、股权众筹的优势

股权众筹是一种新兴的网络融资方式。以项目为中心，公开寻找投资人，再组队合伙投资入股。因而，这种融资方式给传统的风险投资人带来了压力，被一些人称为风投界的"搅局者"。这个称谓，更多是从传统秩序的视角和既得利益的立场来看问题。如果从未来发展和创新立场来观察，股权众筹可能是互联网改造资本市场乃至公司制度的创新力量。

曾几何时，投资的门槛很高，一个是资金门槛高，另外能力门槛高。谁都不希望大额投资行为出现偏差，导致对项目要求非常高，投资机会极大降低。需要机构去特地研究和考察，然后行使投资的权利。这种集中性的投资弊病，跟集中性的慈善是一样的，主导权是掌握在运营层手里，一方面导致投资收益跟投资能力相关，但能力边界到底是多少，很难界定。一方面，不透明的投资决策行为，容易产生不道德的行为，辜负投资人的信任。这种投资是少数富人游戏，限制了更多的人进入这个行业，有极大的问题。

而股权众筹平台模式最大意义将原先集中性的大中介逐步打散，去 VC 化，改成通过互联网平台自我寻找、自我投资、自我承担投资风险的行为。这里，互联网提供更多投资机会、更全信息对称、更小投资金额、更小投资风险。人人可成为投资人，人人都做天使。比如 250 万投资，可以衍生到几十个人群，从而极大降低资金门槛，将大的风险分摊成小的风险。当然这个改变，并非是金额层面，也改变投资的整体性方式，引导投资主体的分化。因为单笔金额较小，大家投资压力减轻，违约成本降低之后，还带有大量非理性情感因素，都会促使投资的成功。股权众筹借助互联网优势，让更多的高净值人群，甚至是具备一定投资能力的普通投资人有了股权投资的渠道。可以说，股权众筹是"风投界"基于互联网的创新，是完善整个创投融资产业链的重要一环。

如今，众筹金融新时代已悄然来到我们身边，其最大的作用是为"大众创业、万众创新"提供新的投资融资机制，让创业和创新的梦想能够提前得以实现，同时将为普通投资者如中产阶层提供股权投资、实现财富增长的新机遇。

未来股权众筹在中国的演化，很有可能是走在美国已经出现的制度变革之路。美国的《创业企业融资法案》（即《JOBS 法案》），允许初创企业和风险投资基金在线上募资。如果中国也这样放开，股权众筹平台就可以完全公开合法地既为线上初创企业融资，又为线下风险投资基金募资。

股权众筹模式高度体现了去中心化、点对点直接交易等互联网金融的特征，如果运行顺利，必然会改善我国的天使投资环境，大大节省中小微企业的融资成本，开拓投资新渠道。

未来发展：众筹在我国的机遇与挑战

与欧美国家相比，中国的网络众筹起步较晚，国内第一家专业众筹网站"点名时间"直到 2012 年 7 月才成立。在网站上线后不久，"点名时间"便迎来了

它第一个成功的项目——《女孩的真心话》访谈。此前，项目发起人志伟曾想做一个随机访谈，并且试图在北京最热闹的西单"拦截"女生。结果却不尽如人意，一个下午的时间里没有一个女孩子愿意接受访谈。于是，志伟把项目材料在点名时间网站上线。当天下午，他就接到了一个电话。对方表示很被志伟这个想法打动，愿意大手笔支持。最后，在一天时间内，《女孩的真心话》就顺利得到了3000元的支持。这个成功的案例不但让志伟实现了自己的愿望，更让点名时间创办者看到：众筹这种融资模式，在中国看来是可行的。

特别在淘宝众筹、京东众筹大流量平台的推动下，越来越多的人接触众筹，愿意拿出部分资金去相应的平台的支持众筹项目。众筹在中国的成长如"雨后春笋"，难怪北京中关村股权投资协会会长王少杰大呼"众筹金融或金融众筹时代来了！"在"2015首届创业创新股权众筹高峰论坛暨全国投资人大赛开赛仪式"上，他说，"如果10年前错过了投资房地产，就错过了财富快速增长的机遇；如果现在错过了股权众筹，就会错过更大的财富增长的机遇。"

一、迎接众筹金融新时代

中国众筹金融时代来了，这主要缘于国家的政策鼓励。国务院总理李克强在2015年《政府工作报告》中明确提出"开展股权众筹融资试点"这一改革方针。更早一些，2015年1月，李克强在国务院常务会议上提出"完善互联网股权众筹融资机制"。各方有志之士特别是创新创业投资人从此看到了众筹金融将在中国崛起的历史机遇和发展前景。他们清楚地感到，顺应创业浪潮高涨的趋势，政府政策导向除对创业的支持和帮扶外，还将进一步完善创业投融资的机制，以求可持续化发展。

2013年余额宝发展的示范效应和2014年P2P网贷行业突飞猛进的推动效应，已经在悄然催生中国的众筹金融行业。据统计，2014年上半年国内开展的众筹案例达1423起，众筹募集资金达到18791万元。而2014年上半年的美国，开展的众筹案例近5600起，众筹募集资金达到21509万美元。中国众筹金融行业的发展，正在加速追赶美国，并缩小与其差距。

虽然众筹行业在中国才发展两三年，但是各种众筹平台的诞生和众筹项目发起及募集资金总额等呈出迅猛增长的态势。股权众筹家网站显示，北京现有天使汇、京东金融、中证众筹、人人投等12家众筹平台；上海有爱创业、众投社等5家众筹平台；深圳有大家投、创业易等10家平台；广东有蚂蚁众筹等平台。全国累计已有几十家各种各样的众筹平台，众筹行业呈现出各地同步发展及多元化发展的特点。从加盟众筹行业的机构看，不乏很多互联网大佬，包括阿里、京东等重量级选手纷纷入局。不过在众筹步入黄金发展期之际，众筹行业也面临着诸多发展痛点。比方说，目前众筹行业最火爆的奖励式众筹缺乏特别好的项目，更多是演变成了商品的预售和团购，这样一来众筹平台也成为各企业宣传自身产品的一个平台，而那些真正的创业项目，反倒容易被大众所忽视。可以预计，随着众筹行业的集中爆发，意味着行业洗牌期的到来，届时一些规模较大、成立时间较久、资质正规良好的众筹平台将最终在一番大浪淘沙下壮大成长。业内人士认为，2014年为众筹元年，而2015年则是众筹的爆发年。近两年我国众筹行业还将呈现爆发式增长的态势。

二、垂直众筹平台将成为未来潮流

垂直电子商务与多元化电子商务是电子商务的两种模式。其中，垂直电子商务是指在某一个行业或细分市场深化运营的电子商务模式。垂直电子商务网站旗下商品都是同一类型的产品。这类网站多从事同种产品的B2C（Business to customer，企业对用户）或B2B（Business to Business，企业对企业）业务。

未来，垂直众筹电子商务平台将兼顾规模化低成本和个性化定制两个极致的客户需求，并且从资本众筹和劳动力众包两大生产要素人手，大幅降低成本，提升效率，同时重构扁平化、透明化、碎片化的行业资源整合平台，进而全方位超越传统的垂直电子商务平台。

可以预见，在不远的将来，"人人出资，人人参与，人人创造"的众筹模式将由少数前沿人士的尝鲜行为变成不可阻挡的社会主流，包括文化事业在内的更多传统产业，也将借助互联网众筹平台轻松跨越资金成本及劳动力募集的

高门槛。

三、欺诈风险

众筹作为一种新兴的互联网金融模式，极大地扩大了公众参与度，是一场去精英化、去平台化的大众融资革命。该模式借助互联网高效、便捷的传播特点，建立了一种新的资金筹集机制，但本质上仍是一种低准入门槛的创业风险投资。故作为一种金融创新，众筹模式发展初期在制度监管和行业规范上的缺失，容易异化为诈骗或非法集资的工具，使得参与其中的组织和个体面临较大法律风险。一旦出现违约，它给金融系统造成的系统性风险也是比较高的。因此，包括中国在内的各个国家眼下都在加紧研究和尝试对众筹融资进行监管。毕竟，众筹市场的蓬勃发展需要配套监管跟上，否则野蛮生长之下层层叠加的问题最终会集中爆发出来。参考其他国家在众筹方面的监管经验，置于首位的是加强投资者教育，普及众筹融资知识，充分引导投资者树立正确的投资理念，增强风险意识和自我保护能力。而且，由于众筹尚处起步阶段，许多问题和风险尚未充分显现，因此监管法律应当以原则性为主，不必规定得过细。除此之外，还应强化市场准入监管，对互联网金融机构的设立进行审批，加强对投资者权益的保护，实现众筹平台完全透明化。

四、政策风险

在发展过程中，随着股权众筹的融资规模越来越大，参与者越来越多，也可能存在 P2P 领域出现的鱼目混珠现象，也可能有很多不合格的参与者。在金融脱媒大背景下，作为传统私募股权领域的一种创新，股权众筹在发展中最重要的一点还是要把握合规性。

在美国，股权众筹已经成为一种新的融资渠道。2012 年，美国当局通过了《就业法案》（JOBS Act），该法案为创业企业进行股权众筹敞开了大门。其法案规定，在开放小企业融资限制、解除公开招股的限制的同时，也谨慎要求每一个股权众筹者每年通过股权众筹募的最高金额不能超过 100 万美元。在此背景下，美国多家股权众筹项目陆续通过资本市场项目筹资，获得了大量投资者的青睐。

然而，股权类众筹模式在中国的发展却多少有些"水土不服"。由于政策法律、配套机制的不完备，初期国内的部分股权类众筹模式遭到了前所未有的"滑铁卢"。

目前，我国股权众筹的经营模式包括：领投人——跟投人模式、合投模式、直接投资模式。以这些模式为代表的股权众筹平台在我国都得到了快速的发展。股权众筹在我国快速发展过程中最大的困境就是法律障碍。参与到股权众筹中的企业和投资者利益尚不能得到法律的认可和保护，这蕴含着巨大的风险和隐患，已经引起市场和政府的高度关注。

根据《公司法》、《证券法》相关规定，众筹投资中的投资者数量受到限制，而中小投资者能提供的资金量都不是很大，项目所能募集到的资金就会非常有限，这将使很多项目无法进行下去。目前国内股权众筹平台普遍采用的手段是"线上＋线下"两段式操作。即在线上展示项目信息，与潜在投资人达成意向后，操作转入线下。而很多零散资金则以股权代持的方式汇聚在潜在投资人名下，股份的转让以增资扩股的方式，由企业和潜在投资人直接协调。代持人因为有记名股权凭证，其权益可以得到保障，可是对于被代持人，由于是隐性股东，没有记名股权凭证，一旦出现风险，往往会受到损失。因此，如何控制风险，如何来保障投资者利益，怎样做既能促进股权众筹这个新型互联网金融的发展，又不影响金融秩序的稳定，就成了股权众筹管理办法需要解决的问题。

众筹只是一种平台，一个让梦想有机会落地的平台。众筹模式也许无法像传统网购平台那样深入大众的生活，渗透到衣食住行的各个方面，但这种模式确实将作为一种新的互联网体验，一次次冲击着人们的生活方式和思维方式，为当今的互联网世界创造一种新的解决问题的途径。如果能以一种诚信和热忱的态度去接受新鲜事物，中国的众筹业就会真正迎来高速发展的春天。

第三章

众筹盘点：国内外众筹平台运作

ArtistShare：世界上第一个众筹网站

2003 年，ArtistShare 在美国成立，这是世界上第一个众筹网站，自此拉开了众筹行业的序幕，平台创始人为 Brian Camelio，被人们称为"音乐众筹之父"、"众筹金融的先驱者"。当时传统音乐行业正在受到数字音乐的冲击，试问如果一首歌可以在网络上随时下载或是从朋友那里轻松复制过来，排除那些忠实粉丝和版权维护者，又有多少人会去买 CD 呢？据 Camelio 回忆，在当时全球的唱片公司每年要花费十亿多美元去吸引公众购买 CD，数字音乐的出现令实体音乐的销售极其艰难。此时，Camelio 认为，音乐行业是时候改变了。

ArtistShare 率先提出，艺术的结果固然重要，但是艺术的创造过程有价值。平台希望能够引领音乐行业由最初的零售物理音乐产品转移到为粉丝提供参与创作机会的服务。ArtistShare "为富于创造力的艺术家服务的全新商业模式"受到广泛赞誉，它通过新颖的原创项目筹措渠道同时惠及艺术家和粉丝，并创造了一个坚定、忠诚的粉丝基地。

如今被称为美国最具领导力的爵士乐女编曲家家玛利亚·施耐德（Maria Schneider）便是借助 ArtistShare 走向格莱美领奖台的成功音乐人代表之一。师承爵士乐大师 GiI Evans 的 Maria Schneider 经过了在纽约多年的卧薪尝胆，于 1993 年组建了她的大乐团，并在 1994 年凭借首张专辑《Evanescenee》被爵士乐爱好者们所认识，别有一番不同色调的《Evanescence》也是她献给大师 Gil Evans 的乐曲。

从那以后，Maria Schneider 率领着她那 17 人的乐团，开始了她独特的音乐创作历程，她们在世界各地的音乐节和音乐厅演出，她本人亦多次受邀与不同的高水准音乐团体合作，足迹踏遍欧洲、南北美、大洋洲及亚洲等地区。与 Maria Schneidere 的音乐创作同样受人关注的还有她独特的筹资模式，她是首个在 ArtistShare 平台上为自己筹资的艺术家，也是首位通过 100% 网络发售，走进

格莱美殿堂的音乐人。在此之前，几乎没有人相信一张从来没进过实体店，也没进入亚马逊的音乐专辑能获得认可。

Maria Schneider 在一开始也感觉这种做法非常像小白鼠，但事实证明这条路非常适合她，而她赶上了一个与众筹音乐模式同步从零开始的好时机。ArtistShare 从 2003 年开始运营，2005 年，她便凭借《Concert in the Garden》获得了第 47 届格莱美最佳大爵士乐团专辑，成为历史上首张没有在线下发行的格莱美专辑。

凭借着格莱美带来的光环，2006 年 7 月 28 日~2007 年 7 月 28 日的一年间，Maria Schneider 再次在 ArtistShare 平台上发布了《Sky Blue》，引来了大量媒体关注。ArtistShare 上每个音乐创作项目都有不同的套餐供网友选择认购，从项目发起筹款之日到音乐创作完成，网友可以有选择性地不同程度参与到创作中来。以《Sky Blue》为例，网友出资 9.95 美金，便可获得初级参与者套餐，而执行制作人级套餐的售价则高达 18000 美金。

初级参与者套餐内容包括完整下载电子版专辑，一段从未发行过的 Maria Schneider 音乐创作以及 Sky Blue 整张专辑的创作笔记。而执行制作人套餐只发行一份，获得的回报包括专辑执行制作人的署名，受邀参到专辑录制现场，Maria Schneider 乐团一整年演出的 VIP 入场券，限量版 CD 及每个月收到一次创作进度的视频汇报。

ArtistShare 是一个连接艺术人和音乐爱好者的平台，音乐人在这里与听众分享自己的创作过程，听众在这里出资支持自己喜爱的音乐作品。作为互联网行业第一个为艺术向公众开放筹资的平台，ArtistShare 从 2003 年 10 月开始陆续推出项目，音乐迷们通过为项目投票的方式参与艺术的制作过程。作为回报，为项目提供启动资金的乐迷们能够获得限量版的音乐光盘或演唱会的 VIP 门票等。

在众多众筹平台中，ArtistShare 的最大特色也是其快速成功因素之一便是聚焦于为音乐圈中人服务，既充分利用了众筹金融模式的所有特质，又有针对性地吸引了一批音乐圈内精英人士，为许多怀才不遇的当代音乐人指明了道路。

ArtistShare 让音乐价值观相同的人们走到了一起，在这里人们相信音乐的核心价值在于创作者的独特创造性和创作者将灵感变为现实的独特过程。AnistShare 的发展重新定义了音乐产业，通过鼓励人们为音乐创意注资，让越来越多的人了解某个音乐作品的制作过程，让聆听者更早更多地参与音乐的诞生历程，而创作者通过与消费者直接接触，更真实地了解自身创作的实际价值，更有把握去诠释音乐的精髓，ArtistShare 模式的日趋成熟，昭示着音乐产业一场新变革即将来临。

Kickstarter：最大最知名的众筹平台

Kickstarter 于 2009 年 4 月在美国纽约成立，是目前全球最大的众筹平台。网站创意来自于其中一位华裔创始人 Perry Chen（中文译名陈佩里），他的正式职业是期货交易员，但因为热爱艺术，开办了一家画廊，还时常参与主办一些音乐会。2002 年，他因为资金问题被迫取消了一场筹划中的在新奥尔良爵士音乐节上举办的音乐会，这让他非常失落，进而就开始酝酿建立起一个募集资金的网站。佩里·陈回忆说："一直以来，钱就是创意事业面前的一个壁垒。我们脑海里常会忽然浮现出一些不错的创意，想看到它们能有机会实现，但除非你有个富爸爸，否则不太有机会真的去做到这点。"经过了漫长的等待之后，2009 年 4 月 Kickstarter 终于上线了。

一、网站定位

Kickstarter 的定位是"专为具有创意方案的企业筹资的众筹网站平台"，致力于支持和激励创新性、创造性、创意性的活动。通过网络平台面对公众募集小额资金，让有创造力的人有可能获得他们所需要的资金，以便使他们的梦想实现。Kickstarter 提供了"有创意、有想法，但缺乏资金"与"有资金，也愿意捐款支持好创意"的平台。Kickstarter 相信，一个好的创意，透过适当的沟通，是可以快速地广为流传的；同时，集结众人的力量来集结资金与精神上的鼓励，

可以让你更实际也更有勇气地实践自己的好点子。

kickstarter 网站的创意性活动包括：音乐、网页设计、平面设计、动画、作家以及所有有能力创造以及影响他人的活动。

二、操作流程

Kickstarter 平台的运作方式相对来说较为简单而有效：该平台的用户一方是有新创意、渴望进行创作和创造的人，另一方则是愿意出钱、帮助他们实现创造性想法的人，然后见证新发明、新创作、新产品的出现。

三、商业模式

Kickstarter 的商业模式涉及到的四个主体分别为融资人、捐助者、Kickstarter 平台和第三方支付机构 Amazon Payment。

Kickstarter 对全世界各地的捐助者开放以及对美国和英国的创设者开放。任何人都可以向某个项目捐赠指定数目的资金，网站收取很低的佣金。对于项目发起人来说，只要向 Kickstarter 提交项目说明，经过平台简单审核后即可发布。发起人的项目说明主要包括融资目标、项目介绍、支持人回报和风险因素等。Kickstarter 为项目提供的融资期有 60 天和 90 天两种，只有足额融资的项目才能获得资金，否则资金将被退回。另外，Kickstarter 仅允许发起人以项目的衍生产品对支持者进行回报，如海报、音乐光盘或电影中的角色等。

捐助者为自己喜欢的项目进行各种层级的投资，可以是 10 美元，甚至也可以是 1 万美元。若一个项目在规定的时间内达到了融资人预设的融资额，则融资成功，捐助者会在项目完成后，按照之前的条约获得相应的回馈。反之，若在规定时间内融资额没有达到预定标准，已经捐助进去的钱会返还到各自账户。

Kickstarter 平台会在项目发布前对其进行评估，只有通过审核的项目才能在网站上发表出来。若项目融资成功,Kickstarter 会抽取融资额的 5% 作为收入。这 5% 的佣金收入便是 Kickstarter 的主要收入来源。

Amazon Payment 则是整个交易过程中最重要的资金托管和交易平台。因为捐助者的钱全部打进 Amazon Payment，融资者也只有通过 Amazon Payment 才能把钱转进自己的账户。Amazon 会依照交易额的大小收取 3% 到 5% 的交易费用。在美国，涉及直接货币传输交易时，有的州规定需要获得 Money Transmission License（货币传输证），而 Kickstarter 并没有作为直接的资金托管和传输平台，一定程度上避免了此法律风险。

四、融资状况

2011 年底，据 Kickstarter 官方介绍，捐助者的人数也已超过 100 万。这约 100 万个捐助者中，89% 的人都至少成功捐助过一个项目，有 11% 的人从未捐助成功过，只捐助过一个项目的人占 84%，捐助过多个项目的人占到 16%，最积极的捐助者曾为 724 个项目捐了钱。

根据其业绩总结，2011 年筹集资金已接近 1 亿美元，较 2010 年增长了 259%；发布项目数约 2.7 万，增长 143%；融资成功项目数达到约 1.18 万，项目成功率从 2010 年的 43% 增长到 46%。而 2012 年初，又有两个项目的融资额连续超过 100 万美元，由此可见，Kickstarter 的增长势头一直呈上升趋势。

Indiegogo：美国第二大众筹平台

Indiegogo 是目前美国第二大众筹平台，成立于 2008 年 1 月，总部位于旧金山，业务遍布全球。最初专注于电影类项目，现在已经发展成为接受各类创新项目的众筹平台。

Indiegogo 的创始人 Danae Ringelmann，创业之前，是个有金融背景的美国青年女性，她曾先后就职于摩根大通以及投资银行 Cowen and Company，随后又进入加州大学伯克利分校的沃尔特·哈斯商学院攻读 MBA。不过她关注众筹，更多源自于她对于戏剧和电影的热爱——作为一个资深爱好者，她曾利用业余时间筹拍戏剧，却苦于缺乏资金支持。

当时，众筹的概念尚未兴起，但 Danae 早已有了社会化融资的想法。在

伯克利期间，她打算成立一家能够为电影和戏剧筹集到足够资金的公司，恰好她的两位同学——Indiegogo 的现任 CEO Slava Rubin 和前任 CTO 的 Eric Schell 对此也很感兴趣，也拥有相关从业经验。后来，三个人一拍即合，创建了 Indiegogo 网站。

一、网站定位

与其他融资平台主要服务于特定行业不同的是，Indiegogo 的服务多元化，从肝脏移植、发新专辑到开餐厅等都可以通过这个平台进行融资。

Indiegogo 上的项目被归为 3 类：一是创业与发明；二是创意与艺术；三是其他个人梦想与社会项目。发起的项目可以是发明一款未来派的便携式医疗设备，也可以是创作一张蓝草口琴专辑，还可以是帮邻居修补被雷劈到的房子。总而言之，所有这些项目都被 Indiegogo 一视同仁。从数量上来看，这三类各占到 1/3，不存在创业类项目一枝独秀的现象。

Indiegogo 不限定他们的客户类型，无论是企业需要融资，还是个人生病医治需要融资都可以。因此，被誉为众筹界的"安卓"。

二、运作模式

有别于其他平台，Indiegogo 不对网站上发布的项目进行审查，支持者承诺支付的资金将会直接分配给项目创始人，如果项目没有达到预定筹资目标，则由项目发起人决定是否退还已筹资金。

Indiegogo 活动主页给了创业者们一个机会展示介绍性视频，其次是活动的描述和什么是要完成的。页面顶部有单独的标签用于项目主页更新，侧边栏跟进项目的融资进展和资助者资助特定数目的资金可以获得的回报。

显然，为了维持运作，Indiegogo 需要赚一些钱。Indiegogo 会收取募集资金的 9%，但如果项目达到募集目标，会返还给用户 5%。所以如果项目募集资金成功，发起者只付出了 4%便成为 Indiegogo 活动家。

Indiegogo 会在活动界面上给出个人的简短链接和一个分享键，读者可以很容易地通过 Facebook、Twitter、谷歌、电子邮件传递消息给他们的朋友。

Indiegogo 还通过将页面合并到其搜索算法来帮助项目发起人分享活动。这种算法被称为"Gogofactor"。社交媒体上更多的人分享项目发起人的项目时，项目发起人的 Gogofactor 增加，提高了上 Indiegogo 首页的机会。

因此，Indiegogo 不仅给了创业者募集资金的机会，更给了他们宣传推广自己项目的机会。在这些推广中，他们还有机会获得一些有价值的评论与建议，并用于改进自己的项目。

三、发展现状

Indiegogo 正在进行的众筹项目有 7000 个左右。自 2008 年平台创建以来，已完成超过 20 万次筹资活动。当 Indiegogo 在 2014 年 1 月公布其 B 轮融资情况时，透露了正在专注扩展国际市场的战略。的确，Indiegogo 上非美国公司项目数量正在增多，有超过 30% 来自于美国之外的国家。

2014 年 5 月，Indiegogo 宣布获得新一轮融资，他们公布了参与此次融资的 8 位知名众筹投资人名单，不过并没有透露具体的投资额度。此轮融资的价值远不止筹资的资金本身，更体现了其众筹投资人能给该平台带来的专业性和强大的社会资源。也就是说，经验、建议和关系网络才是这次融资的核心意义。来自 Paypal 的投资也许非常有用。Indiegogo 的确通过 Paypal 完成付款流程，两家公司的紧密合作看来是双赢的。同样在 2014 年 3 月，Paypal 也调整了众筹政策，计划与平台更加紧密合作，以减少信用欺诈及不必要的账户冻结。

Indiegogo 平台在项目成功率上暂时落后于 Kickstarter，然而此轮融资却表明众筹投资人更加看重 Indiegogo 开放的平台环境，Indiegogo 的前景不容小觑。

四、众筹保险

我们前面讲述了，众筹是有一定的风险性的，在诚信体系、监管力度不够的情况下，很可能变成骗局，拿完钱不做事，这不仅让支持者损失金钱，更重要的是人与人之间起码的信任都没有了。所以，Indiegogo 推出了众筹保险，如果众筹的公司迟迟无法交付产品，它就会对支持者进行赔偿。

Indiegogo 表示，在这一保险之下，如果众筹公司在承诺期后三个月内还没

交出产品，它就会赔付。现在，保险属于可选项目，Indiegogo 在一个众筹上进行了尝试，保险费为 15 美元，而产品为 129 美元。

如果一切顺利，Indiegogo 应该会在更多项目上加入保险服务。不过，现在还不清楚它是会与保险公司合作，还是自己承担保险赔偿费。不过，既然要给用户赔钱了，相信它会对众筹的项目进行更严格的审核。

Crowdcube：全球首个股权众筹平台

Crowdcube 成立于 2010 年 10 月，是英国一家股权众筹平台，也是全球首个股权众筹平台，曾被评为 2013 年欧洲最火热的 Tintech 公司，截至 2014 年 7 月，Crowdcube 已经为超过 130 家公司筹集到 3000 万英镑的资金。

一、网站定位

Crowdcube 是世界上第一个以权益为基础的密集型筹资平台，它的建立基于股权众筹模型。股权众筹模型是为创业者筹资的新模型，使得创业者能够绕过商业众筹投资人和银行，直接从公众获得安全的资金。这个模型的主要原则是，任何人都应该能够对企业进行投资并且获得股权。创业者与英国注册公司可以向数千名微众筹投资人甚至是普通人展示他们的业务和投资潜力，方式可以是上传视频、图片和证明文件。这些微投资人可以投资于任何业务，即使规模只有 10 英镑。

二、运作模式

1. 项目上线

项目上线的第一步是项目申请，由创业者向 Crowdcube 提出申请确认公司价值和目标融资金额，并提供项目描述、退出策略、经营计划和未来三年财务预测。这个过程以专业性为主，在 72 小时之内，Crowdcube 会根据历史数据和以往经验对项目的适合性进行审核，并且提供详尽的修改意见，以便第一次申请失败的公司能够再次申请。

第二步是制作标书。申请书通过审核后，创业者可以根据自己的融资需求，设定融资额，提供一定股权回报，并用简洁、专业的语言把自己的融资计划发布在 Crowdcube 上。Crowdcube 要求众筹投资人提供以下信息：股权比例；目标筹集资金；免税政策；股权类型；奖励；融资期限。

2. 选择项目

项目上线后，投资人就可以选择项目投资了。投资人可以根据自己的喜好、意愿，通过项目经营行业、公司所处阶段、已经募集金额等条件进行筛选。根据法律要求，Crowdcube 不能通过收取广告费把某个项目置顶或者放在醒目位置。Crowdcube 的默认分类是：热门—临近截止日期—新上线，热门定义为：在一周之内募集资金达到目标金额的 50%。

Crowdcube 特别设置了问答环节，有利于双方直接沟通。另外，Crowdcube 与 Facebook、Twitter、Linkedin 合作，投资人和公司可以通过这些社交网络进行交流。创业者也可以充分利用自己的社交圈。

Crowdcube 在投资之前会对众筹投资人做出风险提示。其主要风险包括：损失投资额、流动性风险、低概率分红和股权稀释。确认投资金额后，投资人转账到第三方支付平台——Gocardless。

3. 资金募集

当融资期届满时，如果一个项目所融的金额达到了目标数字，则股权融资成功。Crowdcube 和律师事务所 AshfordsLLP 合作，与企业签订相关协议，帮助企业以及企业法律顾问设计相关有法律效力的文件，发送给投资人进行确认。投资人有 7 个工作日的时间考虑，最终确认投资金额。之后资金由第三方支付平台 Gocardless 转账到公司账户，投资人收到股权证明书后完成融资过程。除了股权回报之外的礼品，创业者应在完成融资后的 60 天内邮寄给投资人。至于后续的分红以及股权回报并不在 Crowdcube 的监管范围之内。若未达到目标金额，则融资失败，已融资金返还给投资人，Crowdcube 不收取任何费用。若超过目标金额，继续融资，至期限届满。

三、发展现状

自 Crowdcube 成立以来，成绩斐然，也展现出了较大的发展潜力。截至 2013 年 12 月底，已经成功融资近 1650 万英镑，85 个项目融资成功，成功率达到 24%，平均每个项目融资 19 万英镑，最快只用了两天半就达到既定融资目标。创业者年龄跨度较大，从 20 岁到 70 岁，平均年龄 40 岁，融资者已经扩展到各个年龄段。Crowdcube 共有 54804 名会员，平均投资金额 2500 英镑，一个项目平均有 79 名众筹投资人，最多 649 名，最少 1 名。这些众筹投资人中有 13% 投资次数超过 1 次，1 名投资人最多参与了 66 个项目，最大单笔投资是 2.5 万英镑。

此外，投资项目涉及零售、食品、互联网、科技、制造、健康、媒体等 15 个行业。在获得投资的行业中，零售业、食品业以及互联网业占据了半壁江山，远高于其他行业，原因在于这些行业与普通人的生活息息相关，可能投资人有类似的生活经历，所以这些非专业性项目比较容易获得大众的认同，引起普通人的关注。此外，项目地点主要集中在经济金融发达的英国东南部。

在前十个英国股权融资项目中，通过 Crowdcube 成功融资的占 7 个，以上数据充分说明 Crowdcube 在英国有一定的影响力，平台本身是可行的，有可能发展成为改变投融资格局的中坚力量。

四、成功案例

Crowdcube 上有个名为 JustPark 的众筹项目，在 34 天内，以 15.61% 的公司股份从 2916 个投资人那换得了 370 万英镑。根据 Crowdcube 的数据统计，其投资人遍布世界各地，包括香港、哥斯达黎加、摩纳哥。大约 1/3 的投资者之前都是该公司的客户。这轮筹款成为英国众筹史上最大的股权众筹活动之一。目前 JustPark 仍然公开接受许多有兴趣的投资者的橄榄枝，但官方名义上，由于它已经达到中小企业和欧盟法规的规定最高额，所以已经停止接受投资。

在某种意义上，JustPark 还打破了另一项规则，吸引了为数最大的投资人。一般来说，成功的股权众筹项目会吸引数百个投资人的兴趣，但 JustPark 引来的个人投资者接近 3000 人，目前是该众筹平台投资人数最多的项目。这轮筹资中，单笔最高投资是 50 万英镑，金额最小的是 10 英镑。发起人最初的目标是以 4.6% 的股权筹集 100 万英镑，而结果是超额完成目标，甚至是"过度筹资"。这是 Crowdcube 上单笔最高的投资金额，该平台也宣称，JustPark 是英国至今最大的技术型股权众筹事件。而此次活动能吸引这么多投资者，很大程度上与 BMW's i Ventures 和 Index Ventures 的加盟支持有关。

JustPark 前身是 Parkatmyhouse.com，现在是一款为私人停车持有人出租车位的网站和手机应用。这个众包网络系统利用互联网，开发了一套效率很高的系统，将那些有车位需求和正好拥有闲置车位的用户进行配对。今日数据显示，JustPark 上的可选车位有 15 万个。而该公司会利用新的资金注入，拓展社区覆盖范围，改进现行技术以提供一个更为强大的体系。JustPark 重点宣传了那些利用闲置车位创造财富的成功事例，比如伦敦一个教堂已经抓住机会收获了超过 18 万英镑，一些人住在交通拥挤、停车位比较难找的区域，据说已经靠租车位每年有 3000 英镑纳入囊中。

点名时间：中国首家众筹平台

在 2011 年上线的点名时间（www.demohor.com）是国内最早的一批众筹站，也是最深入了解智能硬件产业的专业平台。自 2012 年起，点名时间与北京、上海、杭州、深圳等地的硬件团队进行深度交流，并深入分析国内外数千个智能产品在众筹平台、销售渠道的数据表现，通过线下《点名时间 10x10 大会》和大家分享，帮助硬件团队了解市场需求，掌握未来趋势，在业界已经建立起一定的口碑。2014 年起，每场超过 2000 人规模的《点名时间 10x10 大会》，已经成为智能硬件圈不能错过的重要大型会议。

2013 年，点名时间聚焦智能硬件，凭借一批超级项目在科技圈内声名鹊起。2014 年初，点名时间有两个项目前后突破 100 万，但也就在相差不到几月时间，网站正式更替为"限时预购"平台。

点名时间的"智能新品限时预购"，包括两种含义，一个是专注做智能硬件的首发模式，定位更清晰；另一个是点名时间要做的是智能硬件的预售电商，要用限时预购这种模式打开 to B 和 to C 两类人的心。

从 to B 上来说，点名时间向智能硬件的生产厂家，推荐首发的模式。集合国内外，线上线下，累计 1000 多家渠道，还有点名时间 500 万名用户，做为期 30 天的采购预定。

从 to C 上来说，点名时间彻底抛弃"中国最大众筹平台"的光环，从 2014 年 7 月开始，点名时间旧有的回报型众筹将被预售取代。在点名时间预售期间，让渠道商家获得 3~5 折的市场价。让早期用户用 5~7 折抢先体验口碑扩散，让所有参与预购的用户都变成团队的粉丝。

一、点名时间的团队成员

张佑： 1979 年出生于台北，新浪网前 50 名创始员工，担任过雅虎 UI 设计师，新浪网产品总监，KKBOX 产品总监，奥美广告业务总监。现在是中国最大智能产品首发平台——点名时间的共同创始人兼 CEO。致力于推动智能硬件的创新，帮助中国硬件团队的创新和推广。

蔡啸：毕业于北京理工大学计算机系，性格直率，精力旺盛，喜欢玩摇滚。曾经担任新浪搜索引擎软件工程师，创办过互联网广告技术服务公司，之后从事多年面向欧洲市场的独立软件开发服务。丰富的项目管理、产品设计及开发经验。

蒋显斌：以工程学士学位毕业于台湾大学。之后就读斯坦福大学，获硕士学位。在斯坦福求学期间，蒋显斌与朋友共同创办新浪网，从此十余年浸淫于互联网行业。但他一直对设计与文化情有独钟，不曾稍减。2006 年，蒋显斌与友人建立华语纪录片制作平台 cnex。2011 年，又再度参与建立点名时间。

二、点名时间的价值

1. 创新产品的第一批铁杆粉丝

每一个新产品都需要第一批先驱者的试用。少了这群人，新产品就没有口碑，就无法在大众群体扩散。这群科技产品意见领袖都聚集在点名时间，因为他们最关注国内外最新的智能产品资讯。在点名时间发布产品将可以最快速地接触到这些意见领袖，让他们发现你的产品！

2. 获得市场反馈与测试

硬件不像软件，发现 bug 可以快速迭代，硬件一旦出货就得确保 100% 的正常运作。否则任何一个组件发生问题，面临客诉需要召回。点名时间帮助硬件团队将公测版产品交给愿意协助测试给予意见反馈的专业用户。通过众筹模式，测试产品定位，看看大家是否需要；测试产品的包装，看看用户是否理解；测试产品定价，看看大家是否买单；测试产品使用，看看是否发现任何无法预期的问题。点名时间帮你在正式大批量生产之前，做最后的把关验证！

3. 快速对接全球销售渠道

点名时间和国内外超过 500 家销售渠道建立战略联盟，销售范围遍及美国、加拿大、澳大利亚、港台地区、俄罗斯、日本、欧洲以及东南亚。通过点名时间，硬件创业团队可以在最短的时间快速对接全世界的渠道，将产品推往全世界的市场！点名时间不仅让用户看到你，也让全世界的渠道找到你。

4. 获得国内外投资机构关注，解决后期资金需求

超过 150 个投资经理在点名时间寻找好的硬件团队！无论你是需要天使资金，还是 A 轮资金，国内外顶级投资机构都在这里！点名时间帮你在最短的时间内让最多的投资机构认识你！

5. 获得代工供应链资源

点名时间与超过 100 家原器件采购及代工厂合作，帮助硬件团队挑选出最优质的厂家，解决硬件团队在寻找供应链上经验不足、找不到匹配的代工厂，无法及时生产交货的痛点。

6. 全面的媒体资源

点名时间与近 200 家线上线下媒体记者合作，帮硬件团队与优质媒体对接！通过点名时间，硬件团队可以接触到最合适的媒体，进行采访曝光，让更多人

看见你的好产品。

三、网站理念

支持创新的力量

如今，中国已经开始从代工走向创新的道路，国内并非没有创新力，只是在创新的过程中遇到太多问题和阻碍，点名时间作为中国智能硬件创新的推手，致力于帮助硬件团队降低创新的门槛，为他们整合多方资源，并快速地得到市场和渠道的认可，以此来支持这股创新的力量。

四、运作模式

1. 提交项目

硬件团队通过点名时间官网提交项目内容，包含项目介绍、项目团队介绍、回报内容介绍等。

2. 审核项目

所有硬件产品都必须送抵点名时间办公室，在测试机抵达后 3 ～ 5 个工作日内，由点名时间进行严格的实际测试后，确认产品功能外观如实，才会通过上线。

3. 上线准备

审核通过之后，团队即可选择上线日期准备上线。部分有潜力的项目，点名时间将给予产品定位分析、文案策划和视觉设计等全方位的协助，帮助团队打造最好最完美的首次亮相。

4. 项目上线

上线后点名时间将协助硬件团队对接渠道、媒体、投资人及供应链等多方资源。

发布亮眼的硬件项目，将会吸引渠道商进行大量采购，依据过去的经验，在点名时间上的一个支持者，等于渠道采购的 100 个订单。因此，点名时间能够帮助硬件团队有效评估未来量产上市的出货量，为未来正式渠道铺货做更好的准备。

五、发展历程

2011 年 7 月网站上线，点名时间将众筹模式引入中国。网站创立初期，无论是出版、影视、音乐、设计、科技，甚至公益、个人行为的项目都可以在点名时间发布。2012 年初，积累了半年的运营数据后发现，网站整体项目的支持率、转化率超过很多电商平台，项目筹集资金开始突破 50 万，点名时间开始引起业界的关注，众筹模式开始在中国萌芽。

2012 年开始，点名时间开始深入智能硬件产业链之中，到上海、杭州、深圳，实地深入市场与产业链中，了解创新产品的制造和创新过程中遇到的问题。发现原来国内有很多人不想再做代工和贴牌等 OEM/ODM 的模式，想创立自己的品牌。于是点名时间在 2013 年初开始，正式将重心和方向放在智能硬件领域，2013 年底开始不再接受非智能硬件类的项目。

2014 年 8 月，点名时间宣布转型限时预售平台，未来将专注做智能硬件的首发模式，同时点名时间要做的是智能硬件的预售电商。

六、大事记

2014 年 8 月，点名时间宣布转型智能硬件新品限时预购平台，进一步向电商平台靠拢。

2014 年 3 月 14 日，点名时间"资讯"和"社区"单元上线。

2014 年 2 月 26 日，点名时间最高筹资金额被"Smart Plug 智能插座"以 175 万刷新。

2014 年 2 月 25 日，点名时间正式宣布，联盟京东参与加速智能硬件创新的"JD+ 计划"。

2014 年 1 月 16 日，点名时间超级项目"Cuptime 智能水杯"以 135 万的众筹成绩，成为首个破百万的超级项目。

2013 年 10 月 16 日，点名时间首个超级项目"bong 智能手环"正式上线。

2013 年 7 月 4 日，点名时间宣布，对项目实施 0 佣金。

2013 年 6 月 29 日，点名时间首场线下活动"点名时间 10x10 智能消费品

众筹创新大会"在北京举行，自此开启点名时间线下"10x10"系列活动。

2013 年 8 月 23 日，点名时间第二个破百万项目"十万个冷笑话"以 137 万筹资成功，创下了点名时间单月收获两个破百万项目纪录。

2013 年 8 月 1 日，点名时间首个破百万项目《大鱼海棠》筹资成功，同时以 158 万的成绩拿下点名时间 2013 年单个项目最高筹资金额的桂冠。

2013 年 4 月，网络人气漫画家熊顿在点名时间发起《〈滚蛋吧！肿瘤君〉新书预售》，让点名时间走进大众视野。

天使街：专注于 O2O 项目的股权众筹平台

天使街（www.tianshijie.com.cn）是由多个知名投资人和专业投资机构共同发起创办，定位于中国领先的股权众筹平台及投融资社交平台，平台于 2014 年 6 月正式宣布上线。

天使街以"小微企业众筹梦想，小微天使投资未来"为己任，构建京津冀、长三角的经营网络和综合服务，天使街希望通过创新的互联网金融思维，持续推进股权投资大众化、标准化，为小微企业提供快速发展过程中的资本与资源支持，为投资人提供最佳投资机会和多渠道退出机制。

天使街是全国最大的专注于生活服务类项目的股权众筹平台。天使街致力于为小微创企业提供一站式投融资综合解决方案，帮助项目方迅速融到资金，推动快速发展，同时提供创业辅导、资源对接、宣传报道等优质增值服务。帮助投资人快速发现好项目，为其领投、跟投、资源输出、经验输出等提供依据，推动多层次的投资人群体协作发展。其中行业投资人、三星级投资人、四星级投资人和五星级投资人可以申请成为领投人并且参与项目管理。普通投资人作为跟投人进行投资。

一、优秀领投人定义

优秀的领投人一定是创业者的合伙人，能互相充分信任，会非常确定地对创业者进行投资；帮助创业者确定价格和条款，协助创业者完成本轮融资，完成融资后，会不断地帮助并鼓励创业者，是创业者在商量公司重要事项时第一个可以随时沟通的人，大多数优秀领投人会要求董事席位，并能在董事会上做出有利于公司的决策，也会帮助创业者协调所有的其他投资者。

二、领投人的分类标准

1. 年薪 50 万以上。

2. 能够承受占资产总额 5% ~ 50% 的投资。

3. 对天使街平台微信端推介的优秀项目保持关注状态。

4. 处于活跃状态的天使街投资人（最近 1 个月约谈过 5 个项目以上）。

5. 在所投领域有丰富的经验和判断力，以及一定的行业资源和影响力。

6. 能够专业地协助项目负责人完善商业模式、确定估值、投资条款和融资额及转让股份，协助项目路演，完成本轮融资。

7. 能够为项目提供政府公共关系、市场推广、品牌报道、行业上下游资源、专业的交易结构设计等增值服务。

8. 较强的风险承受能力，并且有充足的投资经验。

9. 较强的交流沟通能力，能够及时进行信息披露，将所要求的项目进展情况告知给跟投人。

10. 有很强的分享精神，乐意把自己领投的项目分享给其他投资人。

11. 具有一定的投资影响力，必要时能够为项目争取更多的跟投机会。

三、跟投人的分类标准

1. 年薪 20 万以上。

2. 对投资风险有一定的认知和接受能力，能够承受占资产总额不超过 20% 的投资。

3. 愿意支持创业项目的成长和发展。

4. 对天使投资行业有一定的了解和关注。

四、投资人星级分类标准

1. 行业投资人

具有某行业十年及以上的从业经验，能够为项目在该行业中的发展提供建议。

2. 三星级投资人

（1）具有 3 到 5 年投资工作经验，或 2 年及以上大型投资机构工作经验。

（2）有创业经验者佳。

3. 四星级投资人

（1）具有 8 年以上投资工作经验。

（2）有成功创业经验者佳。

（3）参与过 3 个及以上投资案例。

（4）至少 1 个投资项目成功退出。

4. 五星投资人

（1）10 年以上大型投资机构工作经验，并且达到总经理或合伙人级别。

（2）参与过 8 个及以上投资案例。

（3）至少 3 个投资项目成功退出。

四、领投人的权利与义务

1. 享受优先了解优秀项目的权利，在约谈项目时具有领投人资格的投资人具有优先约谈的资格。

2. 在申请成为项目领投人时，优先选择星级较高和对行业较了解的投资人作为领投人。行业投资人和星级投资人可以共同作为领投人进行投资。

3. 投资额超过项目方的期望融资额时，投资人和项目方之间进行协商，所有投资人共同降低份额，或者领投人单独降低份额，同时也可以跟创业者协商接受超额部分资金，释放更多的股份。

4. 领投人的投资份额占到项目融资额的 5% ~ 50%。

5. 每个项目只能有最多 2 位领投人。

6. 当项目融资额达不到目标融资额时，领投人应当发挥领投人作用，尽可能找到更多的跟投人参与项目投资，促成项目投资成功。

7. 领投人要代表众多跟投人，积极参与到投后管理中。

8. 如果项目成功，相关记录将会进行备案，成为将来项目选择领投人的重要依据。

9. 单个项目单次融资的投资人数量不超过 40 个，任何时刻股东总数不超过 200 个。

10. 投资人超过 3 个时，成立有限合伙企业投资该项目，领投人作为普通合伙人进行管理，一个有限合伙企业最多 2 个普通合伙人。

11. 因投资成立的有限合伙企业要向天使街按照规定进行信息披露，在领投人无法履行义务时而无其他领投人接替前任领投人时，平台相关的投资公司将作为普通合伙人行使决策控制权。

12. 融资成功后，领投人将获得项目方额外 1% ~ 3% 的股权激励。其中三星投资人获得 1% 股权，四星投资人获得 2% 股权，五星投资人获得 3% 股权。

13. 投资项目的有限合伙企业将拿出退出收益的 20% 奖励给领投人（10%）和天使街平台（10%），剩下 80% 由所有投资人根据持股比例来分成。

五、跟投人的权利与义务

1. 跟投人的起投金额采取单项目制，根据每个项目融资额来设定最低投资额，具体项目融资额不同会有所不同。

2. 跟投人对项目情况享有知情权，可以通过给领投人提供意见来参与到项目决策中。

3. 行业投资人除了具有和普通投资人相同的权利和义务外，还应当协助跟投人完成行业分析和调查，为创业项目提供行业指导，之后根据项目方与领投人的协商给予适当的利润分成奖励。

4. 跟投人在投资的过程中可以要求创业项目及时进行适当的信息披露，具体内容按照平台的披露规则进行披露。

5. 在选择跟投人时优先选择对项目能够提供帮助的人，如曾经在该行业中从业、能够为项目提供更多的渠道资源等。

6. 跟投人不参与重大决策，如果跟投人提前退出，根据合同一年之内在有限合伙公司内部流转，超过一年，投资份额对外公开转让。

7. 跟投人在对项目信息披露和领投人管理方式存在疑问时，能够通过天使街平台提出质疑，领投人和项目方有义务给出解答。

8. 跟投人如果在本轮投资额度超过 50% 或者累计占企业总股比超过 20%，可以申请董事会中的观察席。

六、领投人流程

1. 投前：通过天使街平台选择自己感兴趣的项目，并与创业者深入沟通，确认领投意愿。天使街协助领投人对项目进行尽职调查。

2. 投中：帮助创业者完善 BP，确定最终估值、融资额、投资者席位数和投资条款。通过天使街和自己的人脉推荐项目给自己熟悉的投资人，协助项目路演，帮助项目落实跟投。

3. 投后：能够代表跟投人出席董事会，尽最大努力为项目提供有价值的帮助，指导和资源。

七、天使街平台服务范围

1. 投前服务

（1）对于众多创业者提交上来的项目，天使街平台会首先提供创业项目的注册服务，需要项目负责人按照我们的商业计划书模版提供详细的项目信息介绍，包括项目的商业模式、盈利模式等，创业项目需按照平台的模版要求填写。

（2）投资人可以通过网站进行注册，在注册的过程中可以申请成为领投人，天使街平台对投资人进行审核，考察其是否具有成为领投人的资质，包括投资经验、行业经验等。

（3）针对提交上来的项目信息，天使街平台首先进行初步筛选，针对信息不完善，商业模式不合理的项目，会直接进入后台系统，对于进一步修改后有投资价值的项目，平台会直接和项目负责人取得联系。

（4）对于筛选出来的项目，天使街平台仍会及时与项目负责人取得联系，进一步对项目信息进行专业化的完善，保证呈现在网站上的信息是真实可靠，并且能够简单直观地为众多投资人提供有效信息。

（5）对于天使街平台筛选出的优质项目，我们会定期在微信平台进行推送，及时将优质项目推介给投资人。

（6）对于比较关注具体行业的投资人，天使街平台会进行定向推送，随时和投资人保持联系。

（7）对具体项目有投资意向的投资人，可以在平台上提交投资意向，同时投资人可以在平台上提交想要约谈的时间段，天使街平台为创业项目和投资人进行双向安排。

（8）天使街平台对项目的尽职调查提供一定的建议，领投人可以按照自身的投资经验和行业经验进行调查。

（9）创业项目负责人与天使街平台签订融资服务协议。

2．投中服务

（1）投资人在提交了投资意向和金额之后，天使街平台会主动联系投资人进一步落实投资，促成投资的完成。

（2）投资过程中天使街平台协助领投人对项目进行管理。

（3）领投人因各种原因无法领投时，在找到下一任领投人之前，天使街平台代替进行管理，行使决策控制权。

（4）项目投资过程中由天使街平台协助创业项目进行信息披露，具体的披露内容由平台规定，创业项目按照规定进行信息披露。

（5）天使街平台为用户提供网络空间及技术服务，在投资过程中创业者和投资者反馈的用户体验等问题，我们的后台部门会解决并跟进，并且会将解决情况如实反映给网站用户。

（6）当投资过程中出现跟投人提前退出的情况时，天使街平台遵循一年期

间内部转让份额，一年后对外转让的原则，协助投资者完成内部或外部的投资份额转让，保证投资过程的有效进行。

（7）创业者通过天使街平台融资成功，平台收取融资额 5% 作为服务收入，且占股项目方 1% 作为股权激励，积极帮助项目方促成下一轮融资，在下一轮融资时主动退出。

（8）天使街平台作为普通合伙人对投资项目参与管理时，要作为普通合伙人参与利润分成，分成份额按照所有曾经担任普通合伙人的领投人的贡献度（包括但不限于所占有限合伙企业的股份比例）决定。

3．投后服务

（1）天使街平台旨在协助创业项目完成天使轮或 A 轮投资，创业项目成功完成融资之后，平台、投资人和项目方按照之前签署的协议进行分成。

（2）如投资者和创业项目负责任均对投资过程无任何异议，天使街平台正式帮助双方完成手续处理，本轮通过平台的融资成功并且正式结束。

（3）对于投资过程由异议的投资者或创业项目负责人，向天使街平台进行信息反馈，平台安排双方按照正常的法律程序进行协调。

（4）在平台进行融资的创业项目信息将会被完整地保留并进行整理，便于进行后续管理和合作。

（5）天使街平台将协助领投人对项目进行投后管理，项目方根据平台规则提供详实、客观、准确的企业信息，及时提交到平台上，高效反馈到投资人手里。

（6）天使街平台会向投资者和创业项目负责人征求改进建议和反馈，并且将改进成果及时推送给投资者和创业项目负责人。

（7）投资项目的有限合伙企业拿出退出收益的 10% 奖励给天使街平台。

八、平台优势

1．为创业者带来什么

（1）快速融到资，获取友好的协议条款，且估值合理。

（2）融资地位更主动，为后续融资提供很好的背书。

（3）更好、更规范的信息披露，引导企业规范管理。

（4）更多宣传和曝光，帮助企业做品牌推广和市场营销。

（5）更多资源帮助企业发展，解决钱以外的问题。

（6）融资金、融资源、融资本，帮助解决创业过程中的客观问题。

（7）找到创业路上志同道合的朋友。

2．为投资人带来什么

（1）轻松、高效选择众多优质项目。

（2）更多一起投的机会，分散风险。

（3）精准匹配擅长领域，与其他行业专家一起投资感兴趣的项目。

（4）随时获取已投项目的信息数据，方便有效的投资全流程管理。

（5）发挥自己的专业能力，扩大个人影响力。

（6）将自己的经验、资源带给需要的人。

（7）实现个人理想，获得精神上的满足。

大家投：大众也能玩转股权投资

　　大家投（www.dajiatou.com）于2012年10月正式上线，专注于股权众筹融资项目，为创业者和投资人提供高效的众筹服务。大家投是由深圳市创国网络科技有限公司旗下打造的股权众筹平台，是国内首个"众筹模式"天使投资与创业项目私募股权投融资对接平台，中国版的AngelList，股权投融资版的Kickstarter。从平台性质来看，大家投就像一个供创业公司卖股权的"天猫商城"，天猫上卖东西，大家投上卖股权。投资人登陆后，就能看到通过筛选的创业公司作为卖家在上面介绍和推销自己，他们逛完了网站后，根据自己的偏好和判断，购买股权。

　　就像天猫的交易规则一样，大家投能够在法律范围内有序运作，也有一套自己的交易规则，甚至还有一个功能类似支付宝的"投付宝"，为投融资交易

的安全而设计。投付宝的原理其实和支付宝的担保原理很像，区别在于账户有银行托管，即投资者先将资金打到托管账户，再由该账户分批划拨。

一、运营模式

由于多个投资人直接入股项目会很混乱，甚至会影响到项目今后的融资，并且股份代持有法律风险，所以大家投设立了有限合伙企业的方式，首先创业项目在平台上发布项目后，吸引到足够数量的小额投资人（天使投资人），并凑满融资额度后，投资人就按照各自出资比例成立有限合伙企业（领投人任普通合伙人，跟投人任有限合伙人），再以该有限合伙企业法人身份入股被投项目公司，持有项目公司出让的股份。而融资成功后，作为中间平台的大家投则从中抽取 5% 的融资顾问费。

具体流程如下：

1. 大家投委托兴业银行深圳南新支行托管投资资金。

2. 投资者认购满额后，将钱款打入兴业银行托管账户。

3. 大家投协助成立有限合伙企业，投资者按出资比例拥有有限合伙企业股权。

4. 兴业银行将首批资金转入有限合伙企业。

5. 有限合伙企业从兴业银行获取资金后，将该资金投入被投企业，同时获得相应股权。

6. 兴业银行托管的资金将分批次转入有限合伙企业，投资者在每次转入前可根据项目情况决定是否继续投资。

7. 若投资者决定不继续投资，剩余托管资金将返还予投资者，已投资资金及股权情况不发生其他变化，投资者可自主选择是否愿意担任有限合伙企业的有限合伙人。

二、盈利模式

假设有一个创业者在大家投网站上宣布自己的创业项目需要融资 100 万元，出让 20% 的股份。然后有一定门槛和资质的领投人认投 5 万元，其余陆续有 5 位跟投人认投 20 万、10 万、3 万、50 万和 12 万元。凑满了融资额度以后，领投人与跟投人会以此为注册资金集体成立有限合伙企业，进入线下办理有限合伙企业注册、投资协议签订、入股项目公司工商变更等手续，资金注入创业者的企业之后，该项目的天使期融资完成，投资人就按照各自出资比例占有创业公司出让的 20% 股份。而融资成功后，作为中间平台的大家投则从中抽取 2% 的融资顾问费。

三、风控模式

1. 为了限制有限合伙的人数，"大家投"规定领投人和跟投人的最低投资额度分别为项目融资额度的 5% 和 2.5%。因为为了防止有人利用合伙形式从事非法集资的活动，中国最高立法机构在合伙企业法修订草案中规定，有限合伙企业的合伙人最多不能超过 50 人（包括法人和自然人）。大家投的这个最低投资额度的比例设计，就是为了将有限合伙的人数限制在 40 个左右。

"大家投"不超过 40 人的有限合伙制的规则设立，也是为了绕开现有的法律规定——国内利用互联网平台向公众转让股权、成立私募股权投资基金等行为定性为一种新型的非法证券活动。也正是因为此，国内的众筹项目的回报内容都不得是股权、债券、分红、利息形式等。

2. 项目信息披露非常详细，完全实现标准化。

3. 有专业的银行实行托管。

4. 采用"领投 + 跟投"模式，有效减少投资人风险。

四、投付宝

在中国，股权投资最大的一个问题是信任问题。由于在中国小股东权益很难被保障，投资人怕投给创业者以后创业者跑掉或者洗掉，而创业者则怕投资人承诺的资金无法及时到账，从而在企业的产品研发和运营上无法把握节奏。此外，有些投资人借投资名义套取商业机密在中国的环境下也是常有的事情。大家投为了解决这个问题，联合兴业银行推出了投付宝。即投资人先把款打到托管账户，然后再统一办工商手续并把款拨到创业者账户。如果约定根据企业的产品开发进度分几次注资，那也可以通过投付宝第三方托管的方式进行实现。

这样最大程度上保护了投资人利益，也解决了创业者的担心。

投付宝的主要内容是：投资人认投项目时把投资款转入托管账户，待有限合伙企业成立后，再按照投资人的意见分批次将有限合伙企业所有合伙人的投资款分批次转入有限合伙企业基本账户，有限合伙企业普通合伙人再将有限合伙企业基本账户的投资款转入目标项目公司基本账户。

五、领投人资质要求、申请流程

1. 领投人资质要求

满足以下任一条件即可

（1）两年以上天使基金、早期 VC 基金经理级以上岗位从业经验；

（2）两年以上创业经验（只限第一创始人经验）；

（3）三年以上企业总监级以上岗位工作经验；

（4）五年以上企业经理级岗位工作经验；

（5）两个以上天使投资案例。

2. 领投人申请流程

（1）注册天使投资人即成为项目跟投人；

（2）登陆后从个人中心中选择申请成为领投人；

（3）提交个人申请资料，要求如实填写学历、创业、工作、投资等经验；

（4）大家投对领投人申请资料做真实性背景调查；

（5）根据背景调查结果审核通过；

（6）领投人即可取得项目领投资格。

六、领投人职责、领投规则、跟投规则

1. 领投人职责

（1）负责项目分析、尽职调查、项目估值议价、投后管理等事宜；

（2）向项目跟投人提供项目分析与尽职调查结论，帮助创业者尽快实现项目成功融资；

（3）帮助创业者维护协调好融资成功后的投资人关系。

2．领投规则

（1）一个项目只能有一个领投人，领投人认投项目须经创业者确认同意后方可有效；

（2）领投人对单个项目领投最低额度为项目融资额度的 5%，最高额度为项目融资额度的 50%。

3．跟投人项目跟投规则

（1）注册天使投资人，即可取得项目跟投资格；

（2）对一个项目的跟投额度最低为项目融资额度的 2%，最高为项目剩余未被认投金额；

（3）对一个项目跟投后，创业者有权拒绝跟投人的认投。

大家投领投人与天使、VC 基金 GP 的异同

相同点		工作内容相同，都是找项目、分析项目、尽职调查、投后管理等
不同点	募资方式	大家投领投人不需要先募资，就可以直接在平台上找项目进行领投；天使、VC 基金 GP 需要先找 LP 募资，成立投资管理公司，才能找项目进行投资
	出资比例	大家投领投人对一个项目的最低领投比例为项目融资额度的 5%；天使、VC 基金 GP 个人出资比例一般为 1%～2%，也有部分 GP 不出资
	管理费	大家投领投人不收取跟投人的投资管理费；天使、VC 基金 GP 及团队一般会收取整个基金总额度的 2% 管理费以维持整个投资团队的日常运作。
	激励方式	大家投领投人激励方式为创业团队送几个点激励股给领投人，天使、VC 基金 GP 是在等投资的项目溢价退出后，获得其他 LP 投资利润的 20% 回报。

七、大事记

2012 年

2012 年 12 月 10 日，大家投前身"众帮天使网"上线。

2013 年

3 月 25 日 "众帮天使网"，第一轮自融获得 14 自然人与创新谷孵化器 100 万人民币投资，估值 500 万人民币。

9 月，"大家投"和兴业银行联合首创第三方银行监管账号"投付宝"。

6 月 3 日，"大家投"2.0 上线。

7 月 24 日，"众帮天使网"更名为"大家投"。

10 月 22 日，鱼菜共生有机生态农场成为平台上第一个完成融资的项目。

2014 年

1 月 10 日，"大家投"启动第二轮自融，融资 300 万，22 天完成融资。

4 月 1 日，城隍小吃完成融资，"大家投"总融资额突破 1 千万。

9 月 1 日，北京运营中心成立。

10 月 31 日，中国（深圳）第一届股权众筹大会股权众筹联盟成立，"大家投"创始人李群林任联盟理事长。

12 月 22 日，高强度纳米全瓷义齿材料完成融资 301 万，成为"大家投"融资额最高项目。

2015 年

1 月 29 日，"大家投"V3.0 版本新闻发布会。

3 月 19 日，"大家投"最后一轮自众筹不到 20 小时认投破千万。

4 月 12 日，"大家投"领投基金上线，第一支 500 万领投基金 3 天认投满额。

天使汇：互联网金融的精英聚集地

天使汇（www.AngelCrunch.com）成立于 2011 年 11 月，是国内首家发布众筹投资人众筹规则的。天使汇旨在发挥互联网的高效、透明的优势，实现创业者和众筹投资人的快速对接。截至 2013 年 10 月份，天使汇平台上总共完成了 70 个项目，2.5 亿人民币的融资。在天使汇平台上注册的创业项目达到 8000 个，通过审核挂牌的企业超过 1000 家，创业者会员超过 22000 位。

一、运作模式：属于天使式众筹模式

平台运作流程：

1. 投资人入驻平台。

2. 创业者在线提交项目。

3. 天使汇专业分析师团队审核项目。

4. 投资人浏览项目，天使汇给投资人推荐项目。

5. 创业者和投资人约谈。

6. 创业者和投资人签约。

二、盈利模式

基本服务免费，增值服务收费。主要包括为企业提供融资服务，融资成功后收取财务顾问费用，大约为融资额的 5%；提供信息化软件服务，比如公司治理软件等，收取较低的服务费用；提供增值服务和高级服务，联合第三方机构为企业提供更多服务，比如法律服务、财务服务等。

三、闪投

2014 年 10 月 31 日，天使汇"Speed Dating| 闪投"首次登场，彻底改变了创投的玩法，从 2014 年 10 月 31 日到 2015 年 4 月初，天使汇共举办了 12 期闪投，105 个项目成功路演，580 人次优质投资人参与，所有项目共计获得投资意向 793 份，平均每个项目路演结束后获得 7.5 份投资意向。

1. 什么是闪投

天使汇"Speed Dating| 闪投"，是天使汇致力于让优秀的项目遇到智慧的投资人而推出的高效线下路演产品。同样的闪电速度，更棒的路演体验。

天使汇希望改变行业内 DEMO DAY 效率低的现状，打造投资人和创业者人生中最高效的一天。在这里，创业项目在上午集中路演，中午和投资人共进午餐，下午和有投资意向的投资人进行一对一私密约谈，傍晚签订投资意向书。

天使汇一直认为，靠谱的创业者，理所应当一次见遍所有优质投资人，从

路演走到融资成功；而优质的投资人，理所应当直接面对市面上最好的项目，高效迅速的决定投资意向。天使汇闪投，将把所有的"理所应当"变成"稀松平常"。

2. 如何参加闪投

为了提高效率，更好服务创业者，天使汇设计了闪投的 9 步流程：

注册天使汇并报名参加闪投 → 创投经理筛选项目 → 闪投终选 → 闪投彩排 → 闪投 → 约谈意向投资人 → 完成融资 → 媒体曝光 → 经验分享沙龙投资人报名参加闪投，天使汇工作人员将对其资质进行初步审核，随后电话联系该投资人并发放邀请函。

3. 案例：喜上妆

喜上妆由著名的节目主持人汪聪创立，为用户提供明星专属造型师上门化妆服务。目前，喜上妆已经完成了 iOS 版本开发，并经过严格筛选，入驻了首批 30 位明星专属造型师。

2014 年 11 月，喜上妆参加天使汇闪投第二期，当天狂揽 10 份投资意向；

2014 年 12 月 04 日，在经过天使汇提供的项目包装、融资顾问、媒体宣传、线下路演等一系列服务帮助之后，喜上妆在天使汇平台累计获得 17 次投资人约谈，13 份投资意向书，投资意向 690 万，是预融资额的 460%；

2015 年 1 月，喜上妆在天使汇平台正式完成融资，中国风险投资领投。

四、快速合投

快速合投是天使汇推出的在线认购项目股权的服务，旨在帮助创业项目随时随地快速进行融资，以更主动的融资地位，打造火爆的融资势头，让靠谱的天使投资人合投创业项目，实现超额认购。

1. 什么是快速合投

快速合投是旨在帮助创业项目随时随地快速进行融资的一系列服务，包括创业项目在天使汇首页的展示机会、专业媒体的报道机会、获得更多认证投资人关注的机会以及 30 天的快速融资对接服务等。

创业项目在快速合投期间可以简单高效的获得融资，让产品的开发和推广更快一步。

2. 创业者为何选择快速合投？

更主动的融资地位：在"快速合投"平台，投资者和创业者双向选择，平等互利；创业项目更容易获得超额认购，主动分配额度。

火爆的融资势头：获得天使汇首页展示的机会，并有机会获得持续媒体报道，营造融资势头。

融钱又融资源：更多的靠谱投资人背书，更多的人脉、渠道、市场资源。

快捷又实惠：获得超过 2 倍认购意向的项目，佣金全免；未超过 2 倍认购的项目仅收取融资额的 2% 作为服务佣金。

3. 投资人为何选择快速合投

精挑细选的创业项目：从 30000 多个项目中严格筛选出的团队优秀，商业模式清晰的项目。

专业透明的投资过程：可以查看每个项目的详细资料、团队的履历，其他天使投资人的意见，在线问询创业项目的进展情况和发展细节。

跟靠谱的天使一起投：进入"快速合投"阶段的项目已经获得了众多靠谱天使投资的青睐，并通过平台完成了投资行为。这些经过认证的天使投资人能够抓住创业项目中的亮点，专业评判项目价值，跟他们一起投资更容易获得回报。

4. 创业者如何使用快速合投

在天使汇网站创建新项目，根据页面提示查看《天使汇创业融资服务协议》，如无异议同意服务协议，点击"创建项目并申请快速合投"。如果项目通过审核，创业项目的状态会由"申请快速合投"转变为"合投预热"，此时，项目就可以通过天使汇平台进行融资了，当创业项目获得了融资额的 50% 的认购意向时，项目将进入快速合投阶段，享受快速合投带来的一系列融资服务。

5. 投资人如何使用快速合投

经过认证的投资人可以查看项目详细资料，并决定是否合投项目。

目前"快速合投"平台对投资人没有最低出资额的限制。投资人可以根据项目融资需求，当前融资情况，在线表达投资意向及金额。线下通过和创业项目及其他意向投资人的沟通，及天使汇的协调，来确认最终出资金额及股份份额。

6. 案例：记忆便签

记忆便签是一款专为学生打造的轻量化笔记应用，除了专注于知识记录功能外，还把一些"记忆术"融入其中，让用户可以在手机端轻松高效的学习。

2014 年 10 月 14 日，记忆便签通过快速合投申请，进入合投预热阶段；

2014 年 12 月 12 日，记忆便签上线快速合投；正式融资成功前已累计收到 14 次投资人约谈，555 万的投资意向，是预订融资额的 770%。

2014 年 12 月下旬，记忆便签正式完成融资。赶集网 CEO 杨浩涌领投。

五、大事记

2011 年 11 月 11 日，天使汇经过 2 个月的内部测试正式上线。

2012 年 2 月 29 日，证监会主席郭树清和北京市市长郭金龙参观天使汇网站。

2012 年 3 月 1 日，天使汇经过 5 个月的打磨迭代发布了新版，在用户体验上大大提升。

2012 年 6 月 1 日，根据用户的需求进行了投资人、项目页面改版升级。

2012 年 6 月 10 日，财政部副部长李勇、天津市副市长崔津渡和财政部金融司司长孙晓霞参观天使汇网站，并对网站给予高度评价。

2012 年 11 月 11 日，天使汇网站上线 1 年，在这一年里面，通过天使汇平台完成融资的项目总共有 48 个，完成的融资额是 8000 万人民币。

2013 年 7 月 1 日，人民银行副行长刘士余参观指导天使汇。

人人投：草根天使投资众筹平台

人人投（www.renrentou.com），2014 年 2 月 15 日正式上线。它是国内首家专注于实体店铺股权众筹网络服务平台，直属于北京飞度网络科技有限公司。

人人投的项目类型主要是垂直于生活娱乐领域的实体店铺，项目模式比较传统，属于看得见、摸得着的投资。这种模式比较突出的优势，一是投资额度不大、项目的回馈周期较短，普通的百姓能够接受，二是风险性比较小，投资者能够进行亲身的体验考察。当互联网上做不到信息完全透明的时候，可以进行线下实际考察的项目迎合了中国人普遍的投资心理。截至目前，人人投分站数量迅速增长到 320 家，遍布全国大中小城市，会员数量已突破百万大关，上线项目近 200 家，成功融资项目 177 家，成功分红店铺 52 家，项目总交易额近 4 亿，市估值 10 亿。

一、平台定位

人人投作为国内股权众筹行业的代表，主要业务是为中小实体企业融资开分店，为天使投资人寻找优质实体企业项目；为实体店铺提供开分店众筹融资服务，为草根天使投资人提供优质融资实体店铺项目。旨在为投资人和融资者搭建一个公平、透明、高效的互联网金融服务平台。

人人投是以实体店为主的股权众筹交易平台。针对的项目是身边的特色店铺为主，投资人主要是以草根投资者为主。全部人人投项目必须具备有 2 个店以上的实体连锁体验店，项目方最低投资 10%。人人投凭借有力的推广平台让项目方在线融资的同时也在进行品牌宣传。人人投不仅是众筹资金，更是为好项目保驾护航。人人投的出现，不仅能为企业解决资金问题，更重要的是，它改变了我国传统的连锁店经营模式，有助于打造麦当劳式的优秀连锁店铺。

二、平台优势

1. 专项投资：专注实体店面项目，主要是身边店铺为主，已有成功的经营理念与经验。

2. 聚集资金：为项目方更快更好开更多的分店。

3. 线上交易：为投资者搭建项目交流平台，实现投资方项目的洽谈与交易。

4. 安全融资：项目方和投资者在融资成功后，人人投收取一定比例费用，融资失败不收取费用。

5. 借力聚势：汇聚各界大众投资人，凝聚投资人的力量，助力项目发展。

6. 灵活投资：投资金额 2% ～ 100% 根据投资人意愿自由投资。

三、运作流程

1. 项目方提交项目至人人投总部，等待审核。

2. 项目审核通过之后，人人投就会对项目进行全方位包装，并及时上线预热，融资。

3. 项目融资期间，投资人（注：绑定易宝支付）选择自己心仪项目进行投资，投资金额一律打入第三方支付平台——易宝支付。

4. 项目融资成功后，项目方会向人人投总部提出资金申请，与此同时，项目方与投资人签订一式三份《合伙协议》。

5. 审核通过之后，人人投总部同意放款。项目方拿到资金便开始选址、装修店铺及采购原材料直至店铺正常营业，期间，项目方将每一笔收支费用整理成表，通过 QQ、短信等方式发送至每一位股东手中，以便及时了解店铺最新动态。

6. 店铺正常营业之后，人人投自主研发财务监管软件随时都会监管到项目方每一笔资金流向，从而确保投资人资金安全、有序支出，力争让每一位投资人都能够拿到分红。

"凑份子"：国内互联网巨头进军众筹领域

2014 年 7 月 1 日，京东金融推出自家的众筹业务——"凑份子"，开启了对众筹业务进行标准化改造的大幕。"凑份子"，意为大家把钱凑到一起给有点子的人，让他们实现自己的创意。除去供应链金融、消费金融、支付业务以及平台业务之后，这是京东金融推出的第五大业务。

"凑份子"首期上线的项目有 12 个，其中 7 个是智能硬件项目，5 个为流行文化项目，这 12 个项目的共同特点是新奇好玩，比如可随心控制颜色、亮度甚至配有蓝牙开关的灯泡，还有汪峰鸟巢演唱会、《小时代3：刺金时代》众筹项目等。京东金融做这件事的内在逻辑是这样的：首先京东是B2C平台，有流量和影响力，发起人在京东"凑份子"上更容易获得注意力和资金。漫画师象扑君新书首发的众筹项目，上线不足10天，已经募集资金162426元，募集资金的比率达到了1624%。这其中，除了象扑君的个人影响力以外，京东的品牌背书和流量无疑起到助推器的作用。更重要的是，京东"凑份子"背靠京东商城这一电商网站，让好产品很容易找到用户，可以利用京东既有的供应链和物流把产品卖出去，让项目发起人不必为这些指端末节发愁。

传统电商只是一个销售平台，京东此举将电商在整个产业链条上的位置大大前提，进入到初始的创意策划、模型阶段，由销售平台转变为综合性服务平台，众筹业务的加入将使京东金融更加渗透到生活、娱乐的各个方面。众筹项目具有定制的特性，京东本身流量巨大，个性化的智能硬件也将带来粉丝效应，提升京东用户的活跃度、增加用户参与度，强化对平台的黏性，提高京东的号召力。这既是电商行业业态发展的进化方向，也体现了京东的战略眼光，实为一种"视野重合"，抓住了发展机遇。

与其他平台最大的不同在于，京东金融将电商平台在产业链中的位置前置，变单纯的销售平台为从创意到量产的孵化平台，颠覆了传统的电商模式。在现阶段，筹资平台的角色是弱化的，孵化和推广平台的角色更为重要。自己的项目很新奇，充满趣味性，但这些优点还需传播出去得到认可。传统创业者往往是孤独的，在面对创业的风险时茫然无措，将自己的产品放到平台上进行众筹，在获得资金的同时也能获得投资者对项目的意见和反馈，并将项目的优势传播出去引起注意，这在降低创业者风险的同时，也增加了其成功的几率。

对筹资人而言，"凑份子"不仅仅是一个筹资平台，更是一个孵化平台，京东作为国内最大的自营式电商企业，其强大的供应链能力、资源整合能力，为筹资人提供从资金、生产、销售到营销、法律、审计等各种资源，扶持项目快速成长。在智能硬件领域，京东众筹平台还将联合"JD+计划"，携手创客社区、

生产制造商、内容服务商、渠道商等，搭建京东智能硬件开放生态；京东智能云将提供芯片级联网服务，全方位大数据、云开放平台服务以及功能强大的超级 APP 等，促进智能硬件团队的健康发展。

在保护出资人利益上，京东金融对筹资人的背景及诚信度进行严格的审核和筛选，筹得的资金也会实行监控，做到专款专用。除此之外，京东金融还增加了好评度机制，增加了筹资人与出资人之间的信息透明度，实现对出资人的双重保护。

从现阶段来看，做众筹需要具备的条件是流量、衍生服务以及金融工具，即支付通道，对资金进行监管。而这些要素是京东金融所具备的，尤其是衍生服务有更为突出的优势，京东作为国内最大的自营式电商企业，其强大的供应链能力、资源整合能力，以及京东智能云提供的全方位服务，为项目迅速成长，走向主流化平台带来各种支持。而一个非电商的众筹平台是无法对项目提供衍生服务的，无论是筹资方还是消费者，难以提供更多服务。

就目前来看，凑份子这个项目不应是属于现在，而是属于未来的。产业环境需要搭建，用户习惯需要培养，规则秩序需要不断完善，这都是不太容易完成的任务。但好在京东在各个环节中具备显著的优势，做起这件事来应该会事半功倍的。

从供应链金融、消费金融、支付业务、平台业务到今天上线的众筹业务，京东金融在互联网金融的布局逐渐多元化。作为京东金融重要的发展部署，众筹业务未来的发展方向不仅仅局限于产品众筹，还会结合自身优势，成为将创意、梦想变成现实并迅速走向主流化的重要平台。

可以预见的是，无论是在硬件垂直领域的众筹模式（点名时间、众筹网、追梦网），还是电商的众筹业务，他们都会或多或少地对某一行业内产品的首发、供货、渠道、定价等因素产生影响。如果单看硬件众筹，它更像是依托在极客群当中的产品模式，不过电商的切入加速了这种模式的商业化以及左右未来的可能性。

众筹网：国内最大的专业众筹平台

2013 年 2 月，众筹网（www.zhongchou.com）正式上线，它是目前中国最具影响力的众筹平台，是网信金融集团旗下的众筹模式网站，为项目发起者提供募资、投资、孵化、运营一站式综合众筹服务。

众筹网涵盖的领域包括科技、艺术、设计、音乐、影视、出版、动漫游戏、公益、公开课、农业及苏州站、河南站在内的 10 个频道和 2 个地方站。基本涵盖了众筹领域的各个方面。

一、网站宗旨

众筹网宗旨是鼓励创新性思维的人群，把想法秀出来，帮助他们实现梦想！众筹网可以发布创意项目和创业计划，并通过网络平台向公众募资，让有创造力的项目获得他们所需要的资金和支持。

二、如何在众筹网发起众筹项目

1. 使用众筹网账号或合作账号【登录】众筹网，如无账号请先【注册】。

2. 首次登录后，上传头像并完善个人信息。

3. 点击【发起项目】，并留心查看"如何发布一个好的项目？"处。

4. 填写项目基本信息，上传缩略图，尺寸为 310×240，大小不超过 5MB。

5. 填写发起人真实姓名及联系方式，方便项目经理与发起人取得联系。

6. 填写项目具体信息，详细介绍【关于我】、【我想要做什么】、【为什么我需要你的支持】、【我的承诺与回报】。

7. 设置筹资金额，建议设置 3 个以上的回报，增加回报档位，提供与项目本身相关的切实回报，并上传回报图片，帮助项目更快获得成功。

8. 上传项目视频，让投资人更快了解众筹项目及发起人。

9. 项目发起成功，进入审核后台。

10. 项目初审合格后，将由众筹网项目经理与发起人联系并全程辅导发起人完善项目信息及回报机制，随后项目进入终审阶段。终审合格后，项目上线，项目经理将会继续协助发起人推广项目。

三、网站之最

众筹网的各项之最：

1. 众筹项目最多，众筹金额最高：截至 2014 年 9 月 30 日，其共发布众筹项目超过 4200 个，协助融资超过 4600 万元，是专业众筹网站里面最多的。

2. 众筹金额最高的项目——《爱情保险》，累计众筹金额 6270680 元。

3. 众筹速度最快"《后宫·甄嬛传》画集"——上线 5 分钟即成功。

4. 参与众筹人数最多——《2013 快男电影》共有 39563 人参与该项目众筹。

四、众筹成功的项目

1. 众筹电影：快男电影，29166 人次，创众筹网投资者数量记录。

2. 众筹演艺：那英演唱会，全球首创艺人经纪众筹。

3. 众筹科技：inWatch 智能腕表，"众筹＋科技产品"模式的孵化。

4. 众筹出版：《社交红利》，1 个月加印 3 次，销量 50000 本。

5. 众筹金融：爱情保险，6270680 元，创众筹网筹资额记录。

6. 众筹杂志：《清华金融评论》，出版众筹领域的又一次拓展性尝试。

7. 众筹体育：足球众筹，让草根享受专业球星待遇。

8. 众筹演出：国内首部由众筹网站参与主办的音乐剧《爱上邓丽君》上演，开创了国内音乐剧行业全新的商业模式。

五、大事记

2012 年

6 月起，为期半年多的计划会，针对众筹网的建立做前期的筹备。

2013 年

2 月，众筹网上线。

9 月，"众筹制造"上线。

10 月，"众筹开放平台"上线，投入亿元资金助力创业者实现梦想。

11 月，众筹国际团队成立。

11 月，"金融众筹"上线，首个项目"爱情保险"项目筹资额超过 600 万元，创最高筹资记录！

11 月，众筹网联合乐童音乐设立 100 万元原创音乐支持基金，用于支持原创音乐人发起音乐相关项目，完成音乐梦想。

12 月，众筹网举办首次出资人交流大会。

12 月，众筹网举办首次发起人交流大会。

12 月，众筹网母公司网信金融斥资 1 亿元开设全球首家"众筹大学"，邀请业界资深专家就"众筹模式下创业与投资"主题对学员进行深入培训交流。优秀学员不仅可以获得众筹网母公司网信金融的工作机会，还有机会获得亿元创业资金支持。

12 月，众筹网设立 100 万元小型现场演出基金，首期用于支持声演坊引进国外优秀民谣乐队及在全国展开 400 余场巡演。

12 月，股权众筹平台"原始会"登陆众筹网开放平台，使每个人都可以投资感兴趣的项目，获得初创公司的股权，分享它的成长，同时帮助初创企业解决融资难的问题。

2014 年

1 月，在美国旧金山成立办事处，开启在美业务拓展。这是国内众筹类企业第一次在美国设立分站。

3 月，众筹网与乐视网达成合作，将乐视网的足球世界杯营销与众筹模式相结合，围绕用户需求，全面发力世界杯互动产品。

5 月，中国网信金融集团携旗下众筹网、原始会在北京国贸大酒店举办 2014 全球众筹大会。

6 月，众筹网凭借在互联网金融领域的突出表现获得了业内外人士的高度认可，斩获 2014 年度十大金融极客产品奖。

6月,国内首部由众筹网参与主办的音乐剧《爱上邓丽君》首演,开创了国内音乐剧行业全新的商业模式。

7月,清科联合众筹网推出了国内首份众筹行业月度报告——《中国众筹商业模式月度统计分析报告》。

7月,众筹网推出基于手机移动客户端的"轻众筹"板块,开启了轻量化的即发即筹的"轻众筹"时代。

8月,众筹网举行"众筹革新农业——众筹网农业众筹上线"发布会,宣布进军农业众筹领域,并与汇源集团、三康安食、沱沱工社等达成战略协议。

8月,万通北京首个 CBD 空中菜园项目登陆众筹网,最低门槛仅 1 元。

8月,众筹网联合小米推出"小米 MiWiFi 众筹网创想计划",旨在服务智能家居创业者。

9月,央视财经频道《中国财经报道》在最新的一期节目《众筹之惑》中,以网信金融集团旗下的众筹网为例,对时下热门的互联网金融的其中一种模式"众筹"进行了报道。

9月,全球首款全息手机 takee1 登陆众筹网之后,仅花费不到 13 分钟就成功筹集到 100 万资金。截止到当天 18 时,所有众筹档名额均满,总计筹资 376 万元,超募 376%,支持者超过 800 位。

麒麟众筹:中国首家股权众筹平台

麒麟众筹(www.tou70.com),是国内以众筹为主题的独立综合平台的先行者与倡导者,率先尝试中国股权众筹模式,开创了中国股权众筹先河,麒麟众筹专注于为国内众筹爱好者提供项目精选、行业快讯、众筹访谈、众筹名人堂等全面服务,定位于众筹行业的观察者和参与者,并致力于在创业者和天使投资者之间搭建快速高效、安全可靠的信息交流平台。

麒麟众筹平台自 2014 年 5 月 31 日正式上线以来,通过线下项目路演和沙龙等不断地进行各种培训和推荐，以增强投融资双方的了解，保障项目的落地和安全性。在麒麟众筹最低 50 元即可投资。截至 2014 年 9 月 30 日，加入麒麟众筹的投资人与创业者已经接近 7000 余人。

一、平台优势

1. 用户体验上实现融资项目商业计划书真正实现从文档化到数据化、标准化的革命性转变，将彻底终结创业者用电子邮件方式重复、大量、到处发商业计划书的低效融资历史；

2. 麒麟众筹为全国著名天使投资众筹平台，投资人单次跟投额度可以最低到项目融资额度的 2.5%，大大降低中国天使投资人的门槛，将是中国全民天使时代的一个历史开端，这样就可以让创业项目以最快速度获得天使投资；

3. 创业者可以自主发起与主持项目路演会，接受投资人的报名，这样就改变以往项目路演会创业者被投资人几分钟打发了事的局面；

4. 企业将会有多个股东，这样就可能有更多的投资人为企业提供除资金以外的其他资源（智力资源、客户资源、人力资源等）帮助，有效降低创业风险。

二、投资步骤

1. 申请注册成为麒麟众筹平台投资者，在个人中心通过手机绑定与实名认证，完善个人资料。

2. 项目浏览与收藏，领投需进行资格申请。点击项目进入项目列表浏览，对项目感兴趣想持续关注请点击收藏项目。

3. 选择你看准的项目，进行领投与跟投。

4. 保持手机畅通，项目融资额满，创业者与麒麟众筹将与你联系，线下签订法律文件。

5. 在线完成投资。

三、创业步骤

1. 申请注册成为麒麟众筹平台创业者，在个人中心通过手机绑定与实名认

证，完善个人资料。

2. 点击"添加项目"，按步骤填写项目相关的图文信息，视频，PPT 等，仔细完善。

3. 调动一切资源宣传自己的项目，吸引天使投资人的目光。

4. 感兴趣的投资人发起对该项目的领投或跟投申请，及时确认信息。

5. 众筹成功，提现完成。

四、领投人资质要求、申请流程、领投规则及领投职责

1. 领投人资质要求

满足以下任一条件即可

（1）两年以上天使基金、早期 VC 基金经理级以上岗位从业经验；

（2）两年以上创业经验（只限第一创始人经验）；

（3）三年以上企业总监级以上岗位工作经验；

（4）五年以上企业经理级岗位工作经验；

（5）两个以上天使投资案例。

2. 领投人申请流程

（1）注册天使投资人即成为项目跟投人；

（2）登录后从个人中心中选择申请领投资格；

（3）提交个人申请资料，要求如实填写学历、创业、工作、投资等经验；

（4）麒麟众筹对领投人申请资料做真实性背景调查；

（5）根据背景调查结果审核通过；

（6）领投人即可取得项目领投资格。

3. 领投规则

（1）一个项目只能有一个领投人，领投人认投项目须经创业者确认同意后方可有效；

（2）领投人对单个项目领投最低额度为项目融资额度的 5%，最高额度为项目融资额度的 50%。

4．领投职责

（1）负责项目分析、尽职调查、项目估值议价、投后管理等事宜；

（2）向项目跟投人提供项目分析与尽职调查结论，帮助创业者尽快实现项目成功融资；

（3）帮助创业者维护协调好融资成功后的投资人关系。

五、融资项目基本要求

1．项目具备高新技术、创新商业模式、市场高成长性特征；

2．项目尚未引入 A 轮 VC 投资，融资金额在 10 万 ~300 万人民币之间；

麒麟众筹谢绝以下几种"创业者"进入平台融资：

1．边上班边融资，等融到钱才愿意辞职的打工者；

2．自己一分钱都不投资的创业者；

3．同时有几个项目在创业的创业者；

4．项目只有几页文档，没有团队没有任何实际行动的创业者；

5．对项目融资预算没有成熟规划，能融多少算多少的创业者。

快乐投资学院：中国最专业的投资人商学院

快乐投资学院是由中关村股权投资协会发起的中国首家众筹商学院，也是一所以快乐为主要学习氛围、建在微信上的商学院。旨在为中国投资行业培养优秀投资人。目前已有 30 多个班级，300 多名学生，学生均为投资总监以上级别职业投资人。已经在北京、深圳、上海、西安、大连、沈阳、长沙等城市开设班级，初步完成全国扩张战略布局；专业设置已经涵盖天使、VC、PE、并购及 LP 投资，已经完成整个风险投资行业产业链布局；已经聘有 50 多名行业资深投资人导师，师生已经覆盖了中国 60% 以上的主流投资机构。班级同学通过微信群保持实时互动，每月上课一次，在轻松愉快的学习氛围中，通过实战专家案例教学的方式，学习行业大师经验、积累人脉，快乐投资，打造投资人脉圈！

一、办学原因

对于"快乐投资学院"的建立，中关村股权投资协会会长王少杰讲述了如下三个原因：

1. 从组织形态上来说，国内投资协会交流形态多数是机构对机构，快乐投资学院的建立将打破这种固有形式，使个人之间的交流更紧密；

2. 在投资领域，投资经理和投资总监是最重要的人，但他们交流和参与投资活动的机会很少，快乐投资论坛将为他们提供了一个交流平台；

3. 之所以采取学院的形式，是因为投资作为一门专业，是需要终生学习的过程。

二、课程介绍

1. 招生对象：投资总监以上级别及天使投资人（被学院董事推荐的其他优秀人员）

2. 申请流程：提交班级入学申请表→接受面试→通过申请→加入班级微信群→颁发录取通知书→入学完成！

3. 课程形式：每月一次课程，以晚宴／喝茶／咖啡形式邀请专家讲课，用案例剖析的方法，把问题讲透！具体上课时间与地点由班长确定。

4. 班级结构：小班授课，每班人数10人以内，学院为每班配备1名导师、1名班主任。班长、学习委员、文娱委员等其他班委由同学选举产生。

5. 课程设置：专业必修课（财务实操、并购实操、法务实操、项目分析实操等）、行业选修课（企业管理、行业实操专家分享、行业趋势分析等）。

三、机制

1. 免费

快乐投资学院不收任何学杂费和报名费。每次上课地点由各位同学轮流安排地方，上课地点一般都安排在茶馆、咖啡厅或者餐厅包间，以大家轮流请客形式分担上课地点经费开支。所有上课讲师也均由中关村股权投资协会免费邀请并安排。具体班务工作由班长助理志愿者完成。由行业协会主办并建立在公益基础上的学院，能够实现汇聚大量投资行业优质资源，促进投资人互相服务。

2. 行业协会的信任背书

此次活动是由国家级风投行业协会——中关村股权投资协会发起，协会背后强大的投资行业人脉资源能迅速查找每位参与者的行业背景和诚信记录，同时也对参与者在学院内的诚信行为进行监督。行业协会的信任背书迅速构建起学院内参与者的诚信文化。

3. 充分利用闲散时间

学院的班级建立在微信上，每月组织一次线下交流。班长只需在朋友圈和微信群转发本班招生微信即可完成招生宣传工作。其他班级成员的交流与经验分享大多利用闲散时间在微信群上完成。

4. 以班长为核心的圈子文化

学院的招生宣传、录取名额、班级管理、学习分享均由班长主导完成。每位班长的诞生都经历了提交申请书、电话审核、微信面试三道筛选过程，确保班长都是有资深投资经验且乐于奉献的活跃分子，这就决定了班长日后招收同学的标准至少会和他本人是同一个量级，班长为本班付出得越多，本人也会越重视本班的建设工作，整个班级同学的人脉资源也就能与班长深度融合！

5. 专业的后勤服务团队

为确保以班长为核心的学院架构合理运行，学院精心为班长设立了高中低的三个层次的服务体系。最高层是导师服务，由协会出面给每班配备投资界权威人士做导师，提升本班层次和学习目标。中间层是班主任服务，由协会专职工作人员担任，主要为班长提供招生宣传微信资料制作、入学申请表整理、上课讲师对接安排等工作。基础层是班长助理服务，由协会对投资行业有浓厚兴趣的志愿者组成，主要为班长提供同学联系、上课时间与地点安排、整理课堂笔记等工作。高中低三个层次的专业后勤服务使得班长拥有强有力的执行力！

6. 严格的班长筛选机制

学院设立了严格的班长筛选机制，具体申请流程：加入班长报名群→填写

班长申请表→协会审核班长资格→班长申请人在微信群进行自我介绍→微信评委投票表决→加入班长工作微信群→申请完成！

7. 充分竞争的助理上岗机制

助理需要经过填写申请表、微信面试、班长提问等环节，才能进入实习。每位班长在开班前可最多选择2人实习，实习期班长可随时休掉助理，助理也可随时抛弃班长。班长在第一次开课前确定最终人选。

8. 强大的讲师团队

讲师团队来自协会会员单位和专家顾问团队，如：软银中国、信中利资本、红杉资本、同创伟业、创新工场、君联资本、百度、复星资本、腾讯等国内知名投资机构合伙人及高管。

天使投资与炒股票的异同

相同点	1. 都是对企业进行的一种股权投资，就是说都是出钱买公司的股票或股份； 2. 投资回报方式一样，都是作为企业小股东，获得被投企业利润分红或对自己所持股票（股份）溢价转让获得回报。 3. 投后干预程度一样：作为企业小股东，都一般不深度干预企业董事会的战略决策与总经理的日常管理。都只是以企业股东身份出席企业股东大会行使自己股东权利。
不同点	1. 投资企业阶段不一样。天使投资是对刚刚起步的初创期企业进行投资；炒股票是对已经上市的企业进行投资。 2. 投资风险不一样。天使投资的核心在于看准项目创业者这个人，而且项目创业者一般都会热情欢迎，天使投资人与其详细沟通或进行深度背景调查；炒股票的投资风险涉及证券市场制度体系、企业所处行业宏观发展环境、企业高管团队、企业发展战略与企业文化等许多非常复杂的因素，而且上市公司一般会谢绝小股东与高管团队详细沟通与深度背景调查的要求。 3. 社会价值不一样。天使投资是支持与鼓励有创新精神、有创业激情的创业者（一般是年轻人），以成就创业者的事业梦想来获得自己的投资回报；炒股票绝大多数股民只是为了获得投资回报为目的。

第四章

众筹实施：众筹项目的规划、发布与推广

规划项目：如何规划一个成功的众筹项目

众筹平台是一个非常神奇的地方，它的魅力就在于让你获得资金的同时，还能获得目标客户的关注。然而要想达到这个目的，你在进行众筹之前，最好还是应该制定好相应的详细项目规划。

项目规划是预测未来确定要达到的目标，可能会碰到的问题，并提出实现目标、解决问题的有效方案、方针、措施和手段的过程，具体来说，主要包括以下内容。

一、完善的市场调研

众筹并不是一个"来之能用"的快餐式活动。在确定发起项目之前，完善的市场调研计划是必不可少的。面对你可能的投资者，发起者必须做到"有理有据"，而市场调研的数据，就是最直观的武器。

市场调研的另一大好处在于为工作指明方向。理想情况下，每一份市场调研报告都能够直观的体现出产品的优劣势，这对于任何一个众筹项目而言都是非常有效的。

二、确定项目内容

1. **明确内容**。在众筹开始之前，考虑好将要在平台上展示的信息形式。仔细思考每个信息部分以及它所需要包含的内容及情感，同时将整个项目讲清楚、简单化，便于讨论交流。可以从一句朗朗上口的标语开始，展开你的众筹。

2. **简明扼要**。现在是一个"快速阅读"的时代，现在已经很少有人有时间来阅读你长篇累牍的项目描述。所以在你提交的项目中，能够让你的目标客户第一时间了解你的项目，那么你的项目就基本上成功了一半。

3. **吸引眼球**。有时一张图片和一段视频所包含的信息多过千言万语，所以文字编辑，还需要考虑怎样使用图片、照片以及视频，这些元素有时相当于代替传统融资中最重要的第一次面谈，可以使你的众筹活动包含更丰富的信息，

吸引更多的关注。

三、读懂各网站的条文

在做众筹项目规划的时候，要针对各大网站如何管理筹集到的资金展开调查。比如，你可能会满载而归，也可能一无所获——如果你没达到既定目标，你将不会受到任何资助；允许你接受筹集到的任何数量的款项，并可以选择接受或拒绝。

"全有或全无"的方式使项目创造者不会将不能吸引足够资金的项目传到网上。

四、将费用及其他花费纳入项目预算

关于众筹项目的预算问题，首先要考虑的是费用问题。例如，对于一个成功的众筹项目，某众筹网站要从集资总额中收取 5% 的费用；而针对未达到既定目标，而选择接受收到的任何数量资金的项目，某众筹网站要收取 9% 的费用。支付处理费用又占你所筹集到资金的 3%～5%。如果你的主要目的是为了赢利，就必须要将税金、奖品、将要花费的费用和邮费等纳入项目预算考虑。

五、设计合理的众筹方案

1. 投资人出资额度

目前，国内众筹平台上的项目众筹总额一般在 10 万～1000 万元之间。项目方可以根据项目情况制作一份完整的资金需求表，以确定自己需要的资金最小额。设定筹资总额时尽量不要偏离这个需求太多，否则很难筹得项目方所需要的资金。当然，如果项目足够有创意、足够有趣，也可以进行尝试。通常情况下，建议筹款目标金额的设置宁可"低就"不可"高成"。

2. 设置筹资档位

结合项目特点与融资目标，对你的目标部落人群进行分析，划分为几个投资层次，从而设定合理的筹资档位；除了一些特定的核心投资人之外，其他筹资档位的金额，应该确定在能够让潜在投资人很容易做出支持决定的水平；如果定价过高，有趣、好玩的项目固然吸引人，但他们也不见得会为此而爽快的

掏腰包。

3. 设置回报方案

给投资人的回报要恰当、适度和可兑现。给予投资人的回报不是越多越好，也不是回报越多大家就越愿意支持。要在对投资人群体进行分析的基础上，抓住不同档位潜在投资人最感兴趣的东西或者最在乎的需求，给予他们最恰当的汇报方案。另外，所承诺的回报一定要可以兑现，但不应让项目发起人为此所累。

最后，还要提醒大家，设置的筹资和回报方案要尽可能简洁易懂。在互联网时代，信息爆炸，人们的选择太多，选择时间太短，用户的耐心越来越不足，方案太复杂会让投资人失去进一步了解和支持的兴趣和耐心。

六、建立你的可信度

任何对项目给予资金支持的人都宁愿相信他们的钱将被充分利用，使项目取得好的结果。在众筹活动结束的时候，要多做一些事情，展现自己的诚实，使出资者知道他们的钱是花得有价值的。

七、制作一个专业的视频

事实证明，包含一个视频的项目获得资金支持的可能性更大。要做你自己，把真正的自己展现在大家面前；保持真实感，不要作秀。而且，要知道你在和谁谈话。

有个人从自己失败的视频制作中学到了经验，他说："我的视频做得很糟糕。在此之前，我让业内几个朋友观看了视频，他们建议我不要参加众筹活动。他们说，你不应该展现低于你工作水平的东西。"由于视频质量差，众筹项目没有达到既定目标。其实，如果这个人的视频质量更好一些，他的项目可能在网站上吸引更多资金。

八、设置众筹活动的上线时间和周期

众筹项目最合适的上线时间。根据国内外众筹网站成功项目的统计来看，周一和周二上线的效果最好，周三、周四和周五的效果比较差。Indiegogo 网站的 CEO Slava Rubin 最倾向的时间是周二早上。

极少情况下，项目的周期需要 45 天。数据显示 30 天的周期，众筹项目最多也最好，系统默认就是 30 天。因为众筹不是卖货，时间越长并不能收获越多。众筹的周期要能给浏览者一些紧迫感，感觉你很急需这笔钱。相反你的时间很长，就缺乏了紧迫感，用户有时候还会考虑是不是要过一段时间再来支持你，结果往往是他们却把要支持你的事给忘了。

九、提前计划好众筹目标调整

在项目进行到一般的时候，如果你想继续良好的势头，可以选择调整众筹融资目标的方式，也就是提高目标金额。例如，你原来的目标是 5 万元，在达到这个目标之后，你可以将目标调整到 8 万元。如果成功达到这个新的目标，你的支持者将会获得额外的奖励。这样做的好处就是让你的已有支持者重新开始关注你，并且鼓励他们在朋友圈内分享你的项目，从而让更多人看到你。

十、必须对自己的项目有个系统的规划

什么时候更新、清楚地勾画你对支持者的回报是什么、市场营销的计划是怎样的、是邮件、SNS 还是其他的方式，这些你都要十分清楚。如果你只把众筹平台当成自己兵工厂里的"一个武器"而不是所有武艺，那么你成功的概率就大多了。创业者们应该把众筹平台看成是吸引支持者的手段之一，而不是全部，把众筹平台当成一个学习和完善自己产品的过程，这才是众筹的真谛。

十一、制定推广和宣传策略

在项目正式启动之前，要找一些记者和博主谈谈你的活动，多接触在网上有影响力的"社会人士"，让他们帮助你宣传。让朋友和家人在项目启动时给予支持。更早地获得客观的资金支持，能够使其他支持者更有信心对你的项目给予资金支持。

在宣传上多投放精力，可以比其他任何事产生更重大的影响！全身心投入一个项目很重要。如果你在刚开始不做好，返回去重做就更困难了，再次寻求资金支持也会变得更困难。要和你知道的所有人及组织取得联系，包括与你存在关系的组织，例如你的校友组织，并请求他们在社交媒体上帮助进行宣传。

同时，要与在社交网站上有影响力的人取得联系，告诉他们："我需要转发和转帖！"要向人们展示你的智慧和价值，把人们想看到的一些链接放上去，逐步展示关于你的众筹项目的一些零碎信息。

总而言之，一场成功的众筹必然是经过周密策划和准备的，绝不是上了众筹就能等着收钱的，做好精心的策划准备和适当的投入，才能做好一个成功的众筹。

选择平台：如何选择优秀的众筹平台

创业者想要更快更好的融到资金，选择一个适合自己的众筹平台是非常重要的。每一个众筹平台都有自己的特点，如果找的众筹平台不能够为自己提供资源，或者说对自己项目不清楚就很难融到资金。

首先你先要确定你发布的项目属于那种众筹模式，我们前面讲过，众筹分为回报类众筹、债权类众筹、股权类众筹和捐赠类众筹等。

如果你希望的回报为股权，可选择股权类众筹，筹集资金以付出股权作为对价；如果你希望众筹的回报为金钱，可选择债券类众筹，付出高于募集资金的资金作为对价；如果无具体回报方式，则选择公益捐赠类众筹；如果以产品作为回报，则属于回报类众筹。

在弄清楚上面这个问题后，我们就可以开始选择一个合适的平台了。目前做众筹比较好的平台有京东众筹，淘宝众筹，还有一些专业的众筹网站，例如众筹网、人人投、天使街等。这些众筹各有优势，其中京东众筹的流量比较大，众筹的金额也相对较多，这是一个优势。不过，选择京东未必也是好事，一者京东上的项目较多，二者京东也可能会要求你自己前期要先刷 30% 的单。此外，京东的管理费要收 3%。淘宝众筹的优势是不收钱，但是没有太重视众筹项目，带来的流量不多，众筹的项目比较少。至于其他专业的众筹网站，金额普遍不大，成功率会小点，他们的优势是坚持众筹的精神，不会轻易让别人作弊刷单。

选择什么样的众筹平台可以根据产品来定，电子产品可能京东、苏宁较好，公益性的，可能选择小众些的众筹平台较好，因为他们比较公平。另外还可以和上述平台谈条件，看哪个平台给的位置好，给的扶持好，还有就是研究以上几个平台上的项目，有没有和自己相似的，如果是独一无二的，或者是竞争不多的那就好，如果这个平台前不久或者正在做类似的项目，那建议另选平台。

挑选众筹平台时要注意以下问题：

（1）众筹平台是否有资质和规模。选择众筹平台时，从安全性的角度来看，最好挑选那些比较著名、有金融服务资质、规模较大的众筹平台。

因为众筹服务本质上是金融业务，不管未来是由证监会还是由银监会监管，都会涉及一些现存的众筹网站的合法性问题。

（2）选择综合类平台，还是垂直类平台。目前众筹平台很多，大都是各有侧重。有些是综合类众筹平台，有些是垂直类众筹平台，你需要根据项目情况选择适合的平台。

这种选择和你的众筹对象有关。比如，你是一小众筹的 Live 歌手，那么在音乐垂直类平台就更容易找到知音；如果你是面向广泛公众服务项目，那么在综合类平台上就能获得更大的客户群。

（3）对比平台提供的增值服务情况。每个众筹平台提供的众筹服务都有所不同，因此你需要了解每个平台提供服务的优点和缺点。特别是那些能提供后续服务增值服务的平台，如后续的项目孵化服务、音乐作品的演出售票服务、对项目发起人的持续培训和辅导能力等，都可以纳入选择众筹平台的考察范畴。

有了项目和挑选好合适的众筹平台后，基本上算是迈出了众筹的第一步。

发布项目：如何在众筹平台上发布项目

在规划好自己的众筹项目及选择好众筹平台后，我们就要开始发布项目信息了。那么要如何发布项目信息呢？我们以众筹网（www.zhongchou.com）为例，给大家详细讲解一下。

一、发起人要求

1. 已满 18 周岁，有完全民事行为能力的人，未满 18 周岁者要由监护人协助提供相关资料。

2. 中华人民共和国公民，或能提供长期在中国居住证明的非中华人民共和国公民；在网站需要时，按照网站要求，提供必要的身份认证和资质认证，根据项目内容，包括但不限于身份证、护照、学历证明等。

3. 拥有能够在中国地区接收人民币汇款的银行卡或者支付宝账户。

4. 众筹网的注册用户，已仔细阅读、同意并无条件接受众筹网的《服务条款》所涉全部内容。

二、项目要求

1. 凡是符合众筹网《项目发起规范》《用户协议》和《众筹公告》的项目，都可以在众筹网发起。

2. 众筹网目前支持科技、音乐、影视、艺术、设计、动漫、出版、公益、公开课、农业十个行业的项目，要关注众筹公告对其他行业开放的公布。

3. 在其他同类网站上正在进行的项目不能在众筹网上同时发起。

三、项目发起流程

在成为众筹网注册用户后，在网页上方点击"发起项目"；根据提示在网站上提交所需要的基本项目信息，包括图文结合的项目介绍、回报说明，以及真实有效的个人信息；完成后，便可提交审核。

1. 在发起项目前,您需要成为众筹网的注册用户,在登录状态下来发起项目。

2. 登录众筹网首页：www.zhongchou.com，点击最上方导航栏中的"发起项目"按钮。

3. 进入页面后，首先请认真阅读众筹网的项目准则与规范，无异议后点击页面下方的按钮进入下一步。

4. 根据页面所提示的要求填写项目的相关信息和个人信息，并提交审核。

5. 项目提交审核后，工作人员会在三个工作日内与您取得联系，并告知您项目申请通过与否。

6. 项目审核期间，您可以随时登陆众筹网，修改和完善项目申请信息并重新保存提交。

7. 最终项目审核结果会通过 QQ、电话、短信、邮件其中的任一种或多种方式通知您。

四、创建项目

当你开始创建项目时，不要着急，慢慢来！事实证明，很多成功筹集到资金的发起人在启动之前平均花了近两周的时间调整自己的项目。要深思熟虑、有条不紊地一步步进行。

1. 为项目选取一个合适的标题

项目的标题应该是简单的、具体的、令人难忘的，应该涵盖了你筹集资金所要进行的创意项目的标题。这个标题应该能单独、直接地表达一个清晰的事件，比如，"录制一张新唱片"则不如"××组合首张专辑《×××××》"更容易被检索。要避免在题目中直接使用"帮助""支持""投资"等词语。要让他人知道，你是在寻求他人的帮助，而不是提供给大家一次让人不得不爱的特别经验。

2. 挑选合适的项目图片

项目图片是在首页以及其他板块内展示你的项目。要选择准确表达你的项目的图片，设计精美一些就更好了！

3. 编写你的项目简介

你的项目简介会出现在项目图片及标题的下方，这是最快地向访客们宣传你的项目的方式。要清晰地表达你的项目目标。

4. 编写你的个人简介

个人简介能让大家更好地了解你。你为什么是这个项目的发起人？是否有个人的网站链接？你有没有其他作品？这是个能吸引支持者信任的关键点。

推广项目：如何推广和实现众筹项目

即使你有一个非常好的项目，但网络终归网络，让你的项目被别人注意到是十分费力的。所以我们需要推广和营销。

市场营销是一项复杂的系统工程，在新媒体环境下，以及移动互联网时代如何推广你的众筹项目，同样是一个很系统复杂的行动。要想推广和实现你的众筹项目，必须遵循以下几个原则。

1. 让投资人感觉到你的真实

你要搞明白，是"人投人"，不是"人投项目"。"真实性"这个东西特别重要，别只想着是做一个广告，把东西卖出去就完了。你需要做的是，把自己拉到摄像机前，告诉大家，"嗨，我叫 XXX，我来自哪里。我有个梦想；我希望做一件什么什么事情"。你不上镜，说话打磕巴儿或者视频编辑得不专业都无所谓，最重要的是借此传递一种"真实性"。

在 Indiegogo 网站上，有个叫 BugASalt 的灭蝇散弹枪项目，他们的视频很简单，没有额外的成本，却筹得了接近 60 万美元；他们的成功之处在于，创始人 Maggiore 是个很有吸引力的人，你看了这段视频，你就会想试一试他们的产品。这就是"真实性"。潜在支持者会感觉到你是个活生生的人，他们知道自己帮助的人是谁，这对拉近你跟支持者的距离至关重要。中国人的习性可能比较含蓄，没那么喜欢表达，但是大家不妨这么试试，相信会收获意想不到的效果。

2. 制作一段吸引人的视频

在线众筹活动最重要的营销工具之一就是视频。然而，许多创业者并不重视这一环节，他们只想花最少的时间和精力来应付这项工作。显然，这样的视频并不能够引起投资者的兴趣。所以，为了达到更好的推广和宣传的作用，你的视频必须足够吸引人，让人们会跟自己的好友分享，并最终掏出他们的钱包。不要在这上面精打细算。

3. 实施节奏要快

在项目发起之前，应该深思熟虑，设计好文案、视频、图片、宣传文稿等必要的营销工具，一旦发布就要迅速达成项目结果。

被公开的项目创意，会有被别人仿效的风险。因此，要迅速推进，快速迭代。这里的快速迭代，也包括你回报项目要迅速兑现，以实现自身的口碑。对于跨度周期很长的项目，可以分解为数期项目分步完成。

有个网友是一位旅行爱好者，他在拉萨选择了一个 500 平方米的空间，希望为"沙发客"建立一个小客栈。众所周知，对于 500 平方米空间的客栈，需要较大的资金投入。为了验证这个想法的可行性，这人先在众筹网发起了募资 5万元的众筹项目，设置了非常具有吸引力的回报模式。这个原定 75 天的筹资项目，仅用了 30 天就募资完成。

有了实践经验和初期支持了 5 万元的"原始粉丝"，此人立即发起 38 天15 万元的第二期募资，结果以 17 万元超募完成。这就是一个典型的"分期推进"案例。

4. 大力为筹资活动进行宣传推广

众筹并非"酒香不怕巷子深"的活动。一般来说，众筹之前的媒体宣传还是有一定的效果，如果这方面多投些精力，成效也会非常明显。你应该准备好一套营销方案，搞清楚如何进行宣传推广。你应该早就在进行预售，几个月前就在跟关注者谈论自己将会提供的产品，向他们汇报项目的最新进展，让他们在项目上线之前就产生兴趣。

但这并不意味着媒体报道一定会带来成功的结果，相反的是，成功的结果一定会吸引媒体报道。众筹有个"30% 法则"，意思是你的项目通常在达到30% 的筹款目标后才会被之前并不知道你的项目的人发现。对于很多项目来说，如果你选择让媒体在你的活动上线的时候发稿，这可能无法给你带来很大的帮助，因为太早了，当人们通过媒体报道找到你的页面时，发现你还没有多少支持者，他们会怀疑你的项目有问题，会不放心成为你的支持者。

Solar Roadways 就是个很好的例子。来自美国的电力工程师布鲁索夫妇创造性的提出用太阳能电池板铺设公路，用道路发电、供电，全面改造马路系统。他们设定了 100 万美金的目标，视频也做得不错，很快就吸引了很多支持者，而很多媒体是在看到他们的筹款情况后才跟进报道的。

5. 充分利用微信、QQ 群的社交工具

任何一个成功的众筹项目都离不开一群坚定的追随者，"当你把项目发到平台上之后，能够有一群积极响应你的人，或者是愿意帮您宣传项目的人，这就是成功的第一步"。如果你没有这样的追随者，那么不论你所做的宣传视频多么的抓人眼球，亦或是您的想法是多么的让人惊叹，都不能挽回众筹失败的结局。

《社交红利》的作者徐志斌，在项目发起之后两周时间内，通过其微博、微信、QQ 群发、新闻投稿等一切手段，每天都在积极发布和推动众筹项目的宣传，取得了初步获得 3300 个粉丝的成绩，继而再通过这 3300 个初试粉丝的沟通，取得了总印数超过 5 万册的成绩。所以，做众筹的项目推广，你要学会利用一些网络社交工具做宣传，比如微信，朋友圈，网站，自媒体等，要调动你的全部力量来宣传，尽量别守株待兔，要主动出击找流量。流量就是金额！

6. 注重与支持者的交流

一个新的众筹项目上线，在引发众筹用户围观的同时，难免会有很多人对此项目进行评论，或者以"猎奇"的心态，表扬项目好，或者以"资深用户"的心态，直接指出这个项目的不足。这个时候，无论用户的评论是好是坏，众筹创业者都应该加强与这些用户的交流。比如可以建立消费者的 QQ 群或者微信群，不断在里面和消费者互动，回答消费者感兴趣的疑问，并且培养铁杆的众筹粉丝，甚至可以采取用红包刺激的形式，引导消费者不断关注你众筹的进展，帮你宣传众筹的平台，甚至直接参与众筹。所谓积少成多，不要忽视每一个众筹用户的意见，一般能够参与众筹的，他们都是周围人的舆论领袖。

7. 做好自传播的准备

众筹本身所蕴含媒体和社交属性，可以为创业者带来传播，但这并不意味着创业者本身就可以高枕无忧。对于创业者而言，你的项目一旦得到媒体的关注，你很有可能要接受采访，这时就需要你能够积极的配合。

8. 善待和团结你的第一批支持人

从众筹项目发布之时起，支持者会在项目页进行留言互动。众筹平台上你的"个人中心"里也会显示出所有支持人的信息。要及时和支持传播宣传渠道。向众筹网站申请得到支持。

众筹网站的立意，就是帮助发起人实现梦想，帮助那些投资人找到值得支持的项目。众筹网站本身拥有巨大的用户数据库，稳定且日益增长的宣传渠道，以及为了支持优质项目的市场费用预算。与平台方建立紧密的沟通，会为自己获得额外的支持资源。

第五章

众筹隐患：众筹的法律风险与防范

灰色地带：众筹有风险，操作需谨慎

在目前大众创业、万众创新的背景下，众筹已经成为创业、融资、投资的助推器，为不少创业者、企业解决了资金难题，助力发展。但同时，我们也应该注意到，由于准入门槛低、渠道广泛等特点，网络众筹的风险也正逐步显现。加之，众筹在我国起步较晚，相关法律法规尚不健全，更容易在众筹中出现问题。

案例：凭证式众筹美微创投

2012年10月5日，淘宝出现了一家店铺，名为"美微会员卡在线直营店"。淘宝店店主是美微传媒的创始人朱江，原来在多家互联网公司担任高管。

消费者可通过在淘宝店拍下相应金额会员卡，但这不是简单的会员卡，购买者除了能够享有"订阅电子杂志"的权益，还可以拥有美微传媒的原始股份100股。

从10月5日到2月3日中午12:00，共有美微传媒进行了两轮募集，一共1191名会员参与了认购，总数为68万股，总金额人民币81.6万元。至此，美微传媒两次一共募集资金120.37万元。

美微传媒的众募式试水在网络上引起了巨大的争议，很多人认为有非法集资嫌疑，果然还未等交易全部完成，美微的淘宝店铺就于2月5日被淘宝官方关闭，阿里对外宣称淘宝平台不准许公开募股。

而证监会也约谈了朱江，最后宣布该融资行为不合规，美微传媒不得不向所有购买凭证的投资者全额退款。按照证券法，向不特定对象发行证券，或者向特定对象发行证券累计超过200人的，都属于公开发行，都需要经过证券监管部门的核准才可。至此，这种利用网络平台向社会公众发行股票的"众筹"首次被界定为"非法证券活动"。

可见，美微传媒的凭证式众筹虽然是互联网金融创新的一个尝试，但受到我国目前法律政策限制，有违反《证券法》乃至《刑法》的嫌疑，法律风险很大。

中国的众筹模式尚处于法律灰色地带，面临重大法律风险。这使得众筹模式在中国遇到重大发展瓶颈。为此，下面介绍一下众筹可能存在的风险：

1. 非法集资风险

众筹是面向更多的人进行数额小、数量大的筹资活动，同时众筹依托互联网平台实现这一筹资过程，旨在发挥网络平台交互性、即时性、全球性等特点，使得高效便捷、聚少成多的筹资活动成为可能。这也意味着众筹触碰非法集资法律"红线"的可能性大大地提高了。

根据《最高人民法院关于审理非法集资刑事案件具体应用法律若干问题的解释》第一条，非法集资应当同时满足四个条件，即（一）未经有关部门依法批准或者借用合法经营的形式吸收资金；（二）通过媒体、推介会、传单、手机短信等途径向社会公开宣传；（三）承诺在一定期限内以货币、实物、股权等方式还本付息或者给付回报；（四）向社会公众即社会不特定对象吸收资金。从形式上看，众筹平台这种运营模式未获得法律上的认可，通过互联网向社会公开推介，并确实承诺在一定期限内给以回报（募捐制众筹除外）——其中股权制众筹平台以股权方式进行回报给出资者，奖励制众筹平台主要以物质回报的方式，借贷制众筹平台以资金回馈方式回报给出资者，且均公开面对社会公众。所以，单从这一条文来讲，众筹平台的运营模式与非法集资的构成要件相吻合。

但是，除了要考虑众筹平台是否符合"非法集资"的形式要件，还要深入考察众筹平台是否符合对"非法集资"犯罪定性的实质要件。《最高人民法院关于审理非法集资刑事案件具体应用法律若干问题的解释》的立法目的中写道"为依法惩治非法吸收公众存款、集资诈骗等非法集资犯罪活动，根据刑法有关规定，现就审理此类刑事案件具体应用法律的若干问题解释如下"。可见，该司法解释的出台是为惩治非法吸收公众存款、集资诈骗等犯罪活动，是为了维护我国社会主义市场经济的健康发展。反观众筹平台，其运营目的包括鼓励支持创新、发展公益事业及盈利。良性发展的众筹平台并不会对我国市场经济产生负面影响，不符合非法集资犯罪的实质要件。但我们也要严防不法分子以众筹平台或者众筹项目骗取项目支持者和出资人资金的行为。

2. 代持股的风险

凭证式和会籍式众筹的出资者一般都在数百人乃至数千人。部分股权式融资平台的众筹项目以融资为目的吸收公众投资者为有限责任公司的股东，但根据《公司法》第二十四条规定"有限责任公司由五十个以下股东出资设立"，那么，众筹项目所吸收的公众股东人数不得超过五十人。如果超出，未注册成立的不能被注册为有限责任公司；已经注册成立的，超出部分的出资者不能被工商部门记录在股东名册中享受股东权利。

目前，绝大部分对股权式众筹项目有兴趣的出资者只愿意提供少量的闲置资金来进行投资，因此股东人数被限制在五十人以内，会直接导致无法募集足够数额款项来进行公司运作。采用代持股的方式虽然在形式上并不违反法律规定，但在立法精神上并不鼓励这种方式。当显名股东与隐名股东之间发生股东利益认定相关的争端时，由于显名股东是记录在股东名册上的股东，因此除非有充足的证据证明隐名股东的主张，一般会倾向于对显名股东的权益保护。所以，这种代持股的方式可能会直接侵害到广大众筹项目出资者的权益。

3. 知识产权受到侵害的风险

大多数众筹项目是创意类项目，有的项目产品已经面世，有的可能还只是半成品，经过长期的展示，由于众筹网站的公开性和对象的不特定性，众筹网站上展示的项目在筹资过程中，创意被他人窃取的可能性非常大。

另外，有的众筹项目是建立在剽窃他人创意的基础上完成的。抄袭他人创意而发起众筹后，如果被抄袭者发起知识产权诉讼，项目发起人可能会承担停止侵害和其他赔偿责任，出资人的出资也就失去获得回报的可能性。那么筹资人是否负有将所筹剩余资金按比例返还出资人的义务？众筹平台在审核项目时是否负有责任？这些尚未明确的问题都使得创意者的知识产权保护难以实现，同时也给众筹投资者带来了资金安全的风险。

4. "公开发行证券"的风险

《证券法》第十条第一款规定："公开发行证券，必须符合法律、行政法规规定的条件，并依法报经国务院证券监督管理机构或者国务院授权的部门核准；未经依法核准，任何单位和个人不得公开发行证券。有下列情形之一的，为公开发行：（一）向不特定对象发行证券的；（二）向特定对象发行证券累计超过两百人的；（三）法律、行政法规规定的其他发行行为。"

众筹平台在募集资金过程中面对的是不特定对象，且人数常常超过两百人，很容易触犯《证券法》关于公开发行证券的规定。奖励制众筹平台为了规避这一风险，采取了这样的政策：不以现金回馈的方式回报出资者，将投资行为演变为团购、预购行为，使整个众筹法律关系与《证券法》撇清。

股权制众筹平台对这一问题则是采取成立有限合伙的方式，即由众筹出资者成立有限合伙，再由合伙企业对众筹项目发起者进行投资。然而根据《证券法》第十条第二款"非公开发行证券，不得采用广告、公开劝诱和变相公开方式"，股权式众筹平台的这种方式就是一种变相公开的形式。由此可见，股权式众筹平台的发展目前在中国的法律大环境下受到诸多限制。

5. 项目发起者的信用风险

项目发起者的信用风险主要包括众筹平台对项目发起者的资格审核不够全面引起的问题以及项目发起者在募集资金成功后不能兑现其承诺的问题。

首先，众筹平台应至少对其上线项目的发起者做真实性核查，以此来保证出资人的利益和其平台自身的信用。

其次，关于项目发起者在募集成功后不能兑现承诺的问题，目前通过众筹模式进行筹资的项目大多为创意类项目，一定程度上相当于预售，项目支持者看好某种创意，通过资助的形式使其有足够的资金来将创意变为实物，但出资者和项目发起者双方没有任何实际的接触，出资者仅仅是通过在众筹平台上挂出的项目介绍决定是否对其进行资金支持。对于成功募集资金的众筹项目，众筹平台通常会一次性将款项拨付到众筹项目发起者的账户，在这之后，将不再负有对众筹项目监督的义务，后期的监督缺乏会导致权力的滥用。

对于此类风险，众筹平台均声明不承担任何责任。调查显示，约75%的项目无法按期完成，这也让出资者越来越意识到，在众筹网站上的预售行为和网上购物不一样，前者可能面临无法交货的风险，进而导致出资者对众筹行业产生信任危机。因此，能否很好地解决这一问题，将会直接影响草根阶层根植在众筹投资的热情。

6. 资金流风险

众筹实际上是筹资人、投资人与众筹平台三方参与的过程。因此，相较于简单的双方交易，其资金的流动与管理通常存在着更大的风险。由于筹资的过程一般是一个需要在特定时间范围内予以完成的过程，因此，资金往往需要在指定的地点或场所进行汇集，达到一定数额后便进行预期的流转。与大多数P2P的资金流转相比，筹资过程中形成资金池的可能性是比较高的。同时，目前尚缺乏有效的约束机制用于防范众筹平台在筹资过程中对已筹集资金的不当管理与使用，这都给投资者的投资资金安全带来极大的隐患。

7. 筹资金额风险

在众筹过程中，筹资者通常会给定一个具体的项目预期筹资额，一旦项目在实际筹资过程中达到一个额度，项目便筹资成功，即可获得相应的资金开始进行项目运作。然而也存在一些众筹平台如天使汇，允许项目实际的筹资总额高出筹资者事先的项目预期筹资额，直到筹资期限届满后再将实际的筹资总额交付给筹资人以进行项目建设。这一对目标筹资额放松的做法，一定程度上会增加投资的风险及筹资的不可预期性。一方面，可能会涉及更为广泛的投资者群体，减弱对投资者人数及投资金额的控制力，进而对市场的影响力由之前的可预期变为相对的不确定；另一方面，加大了监督管理的难度，增加了监管的成本。对目标筹资额这一上限的突破，侧重于市场机制作用，但并没有把金融市场投资者盲目跟风的心理及市场固有缺陷充分考虑在内，极容易导致筹资成为"脱缰野马"肆意横行，给资本市场造成更大的冲击，这也对众筹的监督管

理提出了更高的要求。

成长缓慢：中国式众筹存在的问题

自众筹模式引入中国以来，就迅速融入了中国元素，从中国第一个众筹平台——点名时间到如今数十家众筹平台，均不同程度地进行了改造和创新，已经与美国众筹平台有了较为明显的差异。但相对于其他互联网金融模式而言，众筹始终在摸索中前行，在静悄悄中探索，发展比较缓慢。在制约众筹发展的因素中既有中国现行法律法规，也有整个社会大环境问题。

总体上看，除了债权式众筹 P2P 得到迅猛发展之外，其他类型的众筹，如股权类众筹、回报类众筹、公益类众筹，以及基于众筹思维的圈子咖啡馆众筹模式，虽然也得到了一定的发展，但是总体看来还处于"雷声大、雨点小"的状态。那么，中国式众筹究竟存在哪些问题呢？

是什么原因造成中国式众筹发展得如此缓慢呢？

1. 中国目前的法律法规不到位

众筹要在中国得到更大程度上的发展，在法律层面主要面临两个问题，一方面对于众筹模式来说，首先要在法律上给予正名。国内众筹业在头顶"互联网金融的创新力量"桂冠的同时，还要极力撇清自己与"非法集资"的关系，这使我国的股权众筹发展游走在一个灰色的地带，并以多种方式规避法律风险。但这毕竟不是长久之计。这个问题如不尽快加以解决，众筹在中国的前景将更加令人担忧。而与中国模糊法律界限的情况截然不同的是，2012 年 4 月 5 日，美国总统奥巴马签署了《JOBS 法案》，在法律上认可了向大众进行股权融资的众筹形式。法案的出台极大地推动了美国众筹产业的发展，并为日后更大规模的融资市场提供了制度保证，所以中国众筹未来的发展，也必定需要法律制度的支持和保障。

另一方面，对于筹资人及其项目来说，知识产权法律保护的缺失也阻碍了众筹的发展。项目是众筹的核心，高质量的项目是众筹发展的基础，知识产权的保护首先保障的是项目发起人的利益，其次能增强众筹平台对高质量项目的吸引。但项目在众筹平台上的公开展示使原本就滞后的知识产权保护更加困难，所以尽快建立针对众筹项目的知识产权保护法规刻不容缓。

2. 众筹平台的赢利模式存在问题

就目前来看，中国式众筹网站的交易规则和赢利模式是，如果在规定时间内未达到预定筹款目标，系统会将已筹集到的资金退还给出资人；如果项目筹款成功，网站将根据筹得金额按比例收取佣金，佣金是主要收入来源，其次还有广告收入。

具体而言，国外众筹平台的赢利模式通常是，从融资成功的项目中收取一定佣金，费用比率一般为 5%～10%。但在国内，众筹模式很难收取佣金，而且由于用量很小，加之很多众筹项目融资金额不大，即便收取也没有意义。

没有好的商业模式和赢利点，就难以吸引更多的互联网创业者加入众筹行业，也难以吸引投资人的目光。这些都客观上制约了众筹平台的发展。

3. 众筹征信体系及诚信环境缺失

自众筹模式引进我国以来，仍缺乏成型的监督资金使用的规范和标准，出资人的权益得不到法律保证，全靠被资助者的自觉与良心来管理运用这些筹资。在产品没有制作出来之前，出资人该如何弥补法律空缺，如何通过网络平台投资，如何在一个虚拟环境里保证诚信，是任何一个出资人首先需要解决的问题。与国外健全的信用机制不同，中国信用制度仍处于建设阶段，导致国内互联网的信用监控机制比较脆弱，欺诈现象屡有发生。虽然创投平台往往在投资人和筹资人之间安排第三方交易资金，但增加了交易成本，且第三方监管能力有限，不足以保障平台两方的资金安全和项目稳定。

4. 对众筹认识不足，存在诸多误解

由于中国各地之前出现的民间借贷引发的跑路现象和对一些集资诈骗案件的处罚，使社会普遍把众筹与非法集资联系起来，一听到众筹立刻联想起非法

集资问题。再加上，中国社会诚信体系尚未完全建立，社会普遍存在不信任感，所以这些因素都对众筹的发展不利，因为众筹是基于信任而产生的，没有信任就不存在众筹的基础。

在上述诸多因素的制约下，中国式众筹目前的现状是，除了越来越膨胀的 P2P 之外，股权式众筹谨小慎微，步履蹒跚，只有回报类众筹凭借"创意产品和文艺"艰难生存。

相互比较：中美众筹模式的差异

目前，中国的众筹市场很乱，一件很好的众筹项目弄到最后，往往会出现种种问题导致投资者利益受损，项目主导者声誉受损，主要原因在于规则和信用体系的不健全。毕竟众筹是一个舶来品，初到中国难免会出现水土不服、"中国式"改良的过程。但我们通过对比可以发现，中美众筹还是在许多方面存在差异，差异化的存在也影响着各自不同的发展前景。

1. 信用体系

在中国，信用体系的薄弱一直制约着银行体系外借贷市场的发展，尤其对于互联网金融的发展，信用缺失更是一大障碍。

美国拥有完善的信用建设的法律法规、成熟的市场化信用机构、清晰的信息公开管理，每一位公民都将信用记录视作生命般重要，也注定了信用体系的完整对金融活动起到了很好的支撑作用。

因此，对于任何投资人来讲，项目发起人自身的信用水平都是很重要的信息。正是因为中国信用体系的不够健全，众筹模式在中国的市场规模并没有美国那么大。

2. 投融资环境

美国融资市场复杂且多层次，而中国的融资环境不甚乐观，尤其是针对中小企业以及创业型企业，资金往往是成败的最关键因素。

正是由于中国比较特殊的融资环境，也导致了互联网金融在中国的蓬勃兴起，而众筹更是以附加了精神层面的反馈为吸引力，令"筹钱"这件事文艺且雅致起来。

相对于传统的融资方式，众筹更为开放，能否获得资金也不再是以项目的商业价值作为唯一标准。只要是公众喜欢的项目，都可以通过众筹方式获得项目启动的第一笔资金，且一般首次筹资的规模都不会很大，为更多小本经营或创作的人提供了无限的可能。

在价值认知的感召下，众筹模式可以打破中国融资环境不甚乐观的局面，为更多有创意、有市场的项目和企业成熟发展起来提供有力支持。

3. 项目类型

美国众筹成功案例众多，其众筹项目主要集中体现在创意项目，以现今科技产品为主导，一方面满足了"发烧友"的需求，另一方面有针对性地用于寻求资金、推广产品。

中国的众筹网站在文化、科技等垂直领域已出现了进一步细分的趋势，但总体看来，文化创意仍是目前众筹项目最为主要的活跃领域。目前，国内文化类众筹项目多集中在"奖励众筹"的领域。

4. 投资限制

为控制投资风险，几乎每一个众筹平台都会对投资者人数和投资金额进行相应的限制，以避免公众盲目投资带来的巨大风险。美国的 Kickstarter 对项目的融资数目和项目类型都做了严格的限制，却对投资者人数与投资金额均没有制定具体的规则。Angelist 对投资者人数的限制为 95 人，而 WeFunder 为 99 人。这种限制的目的主要是为了不对初创企业的股东人数造成过大影响，也就是说，不会因为投资者成为初创企业的股东之后，因为对股东权利的滥用导致初创企业的经营受到影响。在中国，因为有非法集资罪的限制，大多数众筹平台都通过直接干预项目投资人数或者每位投资者投资金额的限制对人数这一问题予以控制。而对于每个投资者的投资金额，Angelist 只规定了 1000 美元的下限，

WeFunder 则规定了更低的 100 美元的下限，两者对于上限暂时都没有任何规定。而在中国，只有天使汇对投资下限予以设置，要求不能低于 1 万元人民币。可以看到，中美的众筹平台都对投资金额的下限进行了限制，这样的限制的确是必要的，毕竟资金不能过度分散，否则会造成风险过度分散而对单个投资者利益的保护就变得成本过高且力不从心。然而，更为重要的应当是对每个项目的投资上限同样做出硬性规定。

5. 监管环境

众筹在中国才刚刚起步，目前国内缺乏专门的法律法规对众筹行业予以规范，对于众筹网站的批准设立、业务经营范围许可、资金风险控制没有明确规定，日常监管方面几乎处于空白。目前，国内监管层对互联网金融的发展持肯定态度，只是具体监管细则还未落地。

在这方面，美国已对众筹有明确的监管。2012 年 4 月 5 日，美国总统奥巴马签署了《创业企业融资法案》。此法案增加了对于众筹的豁免条款，这使得创业公司可以众筹方式向一般公众进行股权融资。而且，相关条款不仅涉及众筹平台不得从事的活动、信息披露的要求、发行者的限制、发行者的法律责任等，还考虑到众筹可能会被滥用而损害公众投资人的利益，对投资者也做了很多限制。

风险边缘：众筹存在的法律风险及防范

众筹作为一种新的互联网融资模式，让很多投资者尝到了其中的"甜头"，因而无论是数量还是资金都获得了"大跃进"式增长。然而欲速则可能不达，由于现行的国内相关法律法规的脱节，使得众筹中的法律问题也逐渐暴露出来。

一、众筹所面临的法律风险和难题

1. 刑事法律风险

结合现行刑法的有关规定看众筹，众筹可能面临如下几类刑事法律风险。

（1）非法吸收公众存款罪

众筹在中国可能面临的第一个刑事法律风险，就是可能触犯刑法规定的非法吸收公众存款罪。很多人对非法集资有种误解，认为只要不公开，只要对象不超过 200 人就不算非法集资，其实这是一种错误的认识，是把非法集资与非法证券类犯罪的立案标准搞混淆了。

（2）集资诈骗罪

众筹在中国可能面临的第二个刑事法律风险，就是可能触犯刑法规定的集资诈骗罪。该犯罪比非法吸收公众存款罪更严重。

（3）欺诈发行证券罪

众筹可能遇到的一个非法证券类犯罪是欺诈发行证券罪，虽然对于大多数众筹而言，不太可能去发行根本不存在的股份，但是夸大公司股份价值和实际财务状况还是可能存在的，因此，需要充分认识该类犯罪的实质。

我国刑法第一百六十条规定：在招股说明书、认股书、公司、企业债券募集办法中隐瞒重要事实或者编造重大虚假内容，发行股票或者公司、企业债券，数额巨大、后果严重或者有其他严重情节的，处五年以下有期徒刑或者拘役，并处或者单处非法募集资金金额 1% 以上 5% 以下罚金。

（4）擅自发行证券罪

擅自发行证券罪可能如影随形地在等着股权类众筹的发起人。该类犯罪"天生与股权类众筹有缘"，在当下也是股权类众筹最容易触碰和最忌惮的刑事犯罪。

2. 行政法律风险

与刑事犯罪法律风险相对应，就目前看，众筹在中国可能会遇到以下几类行政法律风险。

（1）证券类行政违法行为

如果未经批准擅自公开发行股份，在未达到刑事立案标准的情况下，则构成行政违法行为，依法承担行政违法责任，由证券监督机关给予行政处罚。

（2）非法集资类行政违法行为

如果非法集资行为未达到刑事立案标准，则构成行政违法行为，依法承担行政违法责任，由中国人民银行给予行政处罚。

（3）虚假广告行政违法

如果众筹平台应知或明知众筹项目存在虚假或扩大宣传的行为而仍然予以发布，但尚未达到刑事立案标准，则涉嫌虚假广告行政违法。

（4）非法经营行政违法

如果众筹平台未经批准，在平台上擅自销售有关的金融产品或产品，但尚未达到刑事立案标准，则涉嫌非法经营行政违法。

3. 民事法律风险

众筹除了可能会面临前面所说的刑事法律风险和行政法律风险之外，由于大众参与集资模式涉及人数众多，必将导致大家利益安排不一致，关切点也不尽相同。所以，必然会伴随如下民事法律风险发生。

（1）合同违约纠纷

众筹最可能存在的合同违约，主要表现在产品质量不符合约定，交货期不符合约定，不能如期提交约定回报结果，不能如期还款造成的债务纠纷等。

（2）股权争议

股权类众筹还可能引发股权纠纷及公司治理有关的纠纷。此外，对于采取股权代持方式的股权类众筹，还可能存在股权代持纠纷等。

（3）退出纠纷

股权类众筹还涉及一个退出问题，如果没有事先设计好退出机制，或者对退出方式设计不当，极容易引发大量的纠纷。

（4）民事诉讼程序上的问题

众筹在民事诉讼程序上也存在诸多问题，如诉讼主体资格确定问题、集团诉讼问题、电子证据认定问题、损失确定标准问题、刑民交叉及刑事附带民事诉讼等。

由此可见，玩众筹不仅要考虑不能触碰刑事法律红线、行政法律红线，而且在模式设计上，需要严格履行有关法律手续，完善有关法律文件，设定好众筹规则，将每一个操作流程进行细化，转化为一个个法律问题，然后用一个个法律文件固化下来，保证众筹的顺利进行，避免不必要的民事法律争议发生。一旦发生纠纷，必然会影响众筹的成败！

二、避开法律风险

一个好的众筹设计，其实就是目标与模式相匹配的过程，从这个意义上来说，众筹模式设计者其实就是互联网金融的架构设计师，直接影响了众筹的成败。下面就谈一谈如何避开法律风险的问题。

1. 玩众筹如何避开刑事及行政法律风险

由于众筹类别不同，可以按照众筹模式不同逐一进行分析。

（1）债权类众筹如何避开刑事或行政法律风险

债权类众筹的表现形式一般为 P2P 模式，其最可能触碰的刑事罪名是非法集资类犯罪，主要是非法吸收公众存款和集资诈骗，属于公检法司法机关受理和管辖的范围。同样，如果尚未达到非法集资的刑事立案标准，则可能构成非法金融行政违法行为，属于中国人民银行监管处罚的范围。

在目前监管层对互联网金融持积极开放的态度下，债权类众筹可以创新，但不要触碰以下三条法律红线。

第一条法律红线：当前相当普遍的理财资金池模式，即 P2P 平台将借款需求设计成理财产品出售，使投资人的资金进入平台中间账户，产生资金池。

第二条法律红线：不合格借款人导致的非法集资风险，即 P2P 平台未尽到对借款人身份的真实性核查义务，甚至发布虚假借款标的。

第三条法律红线：典型的庞氏骗局，即 P2P 平台发布虚假借款标的，并采取借新还旧的庞氏骗局模式，进行资金诈骗。

债权类众筹要充分把自己定位为中介平台，回归平台类中介的本质，为投资方与资金需求方提供准确的点对点服务，不得直接经手资金，不得以平台为资金需求方提供担保，不得以平台承诺回报，不得为平台本身募集资金，不得

建立资金池。并且，要严格审查融资方的信息，严防虚假融资信息的发布。

如果能够做到上述几个方面，严格恪守法律红线，则债权类众筹可能避开非法集资类刑事或行政类法律风险。

（2）股权类众筹如何避开刑事或行政法律风险

股权类众筹目前是法律风险最大的一类众筹模式，也是未来发展空间最大的一类众筹模式，其最可能触碰的刑事法律风险是非法证券类犯罪，归属于公检法受理和管辖。同样，若达不到刑事立案标准，则属于非法证券类行政违法行为，归属于证券监督管理机关管辖和受理。

股权类众筹可以创新，但不要触碰以下六条法律红线。

第一条法律红线：不向非特定对象发行股份。

第二条法律红线：不向超过 200 个特定对象发行股份。

第三条法律红线：不得采用广告、公开劝诱和变相公开方式发行股份。

第四条法律红线：对融资方身份及项目的真实性严格履行核查义务，不得发布风险较大的项目和虚假项目。

第五条法律红线：对投资方资格进行审核，告知投资风险。

第六条法律红线：不得为平台本身公开募股。

如果能够做到上述几个方面，严格恪守法律红线，则股权类众筹可能会避开非法集资类刑事或行政类法律风险。

（3）回报类众筹如何避开刑事法律或行政法律风险

相对而言，回报类众筹是法律风险最小的众筹模式。但是如果回报类众筹不能够规范运作，使融资方有机可乘发布虚假信息，则可能触碰集资诈骗的刑事法律风险，若未达到刑事立案标准，则可能构成非法金融类行政违法行为。

为了避免上述法律风险存在，回报类众筹需要注意不要碰以下三条法律红线。

第一条法律红线：严格审查项目发布人的信息、相关产品或创意的成熟度，避免虚假信息发布。

第二条法律红线：对募集资金严格监管，保证回报产品按约履行。

第三条法律红线：众筹平台不要为项目发起人提供担保责任。

如果能够做到上述几个方面，严格恪守法律红线，则回报类众筹可以避开非法集资类刑事或行政类法律风险。

（4）捐赠类众筹如何避开刑事法律风险

捐赠类众筹如果规范运作的话，不存在任何法律障碍。但是如果被虚假公益项目信息发起人利用，则可能触碰集资诈骗类刑事法律红线。

为了避免上述法律风险存在，回报类众筹需要注意不要碰以下两条法律红线。

第一条法律红线：严格审查项目发布人资格、信息，公益项目的情况。

第二条法律红线：对募集资金严格监管，保证公益类项目专款专用。

如果能够做到上述几个方面，严格恪守法律红线，则公益类众筹可以避开集资诈骗类刑事法律风险。

2. 玩众筹如何避开民事法律风险

众筹还存在诸多的民事法律风险，为了避免不必要的民事法律争议，在众筹模式设计及具体的交易流程设计上，要关注每一个细节，把每一个细节用一个个法律文本固化下来，避免约定不明发生争议。

作为众筹平台，应当设立好众筹规则，参与者必须遵守众筹规则，相关各方与众筹平台应当有一份比较完整的协议，这个协议如果在线上完成，则运用电子签名方式进行，平台应做好流程及文档管理。

对于需求双方，就具体的债、股权投融资应做好具体协议的签署工作，如果在线上进行的话，可以电子签名方式进行，平台应保管好整个电子文档备查。

对于众筹过程中发生的股权代持问题，一定要签署好股权代持协议，对股权代持的有关问题进行详细的约定，避免争议。

作为众筹结构中的三方，投资方、平台及需求方（众筹发起人）应各自明确责任，根据各自在交易中的地位签署相应的法律协议。如果众筹结构中因需

要涉及更多的第三方（如资金监管方、担保方），应根据其在众筹中做好权利义务的协议安排，明确权责。

如果能够在众筹中做好以上几个方面，众筹可能会避免不必要的民事法律争议，从而有效地避开民事法律风险。

第六章

众筹实例：众筹如何不"众愁"

众筹
超实用的互联网融资指南

酒类众筹："靠上酒"的横空出世

对酒类和饮料业来说，众筹这种投资方式是不可避免的。2014年，山东济南阁老贡酒业联合互联网社区"理想国"打造了一款"靠上酒"，该款白酒被贴上了互联网白酒的标签。依托互联网和众筹模式，2014年9月19日，靠上酒开启首期众筹；2014年10月8日，靠上酒股东达到40人，7天内募得众筹资金21.5万元；2014年11月8日，靠上酒实现累计销售4289瓶，进行了本金及分红结算，收益率达37.32%，至此，"靠上酒"首期众筹结束。上线四个月后，"靠上酒"累计销量达到5万瓶。目前，靠上酒青岛O2O体验馆（创品公社）和济南理想国O2O体验馆已经正式营业，与位于聊城的O2O体验馆也已签约，并与店小一、乐农优选等山东本地电商平台达成了销售合作。

"靠上酒"的成功，证明了酒类众筹的可操作性，同时也提出了问题："靠上酒"为何能取得不错的收益？

具体来说有以下几个原因。

1. **挑选股东人员**。靠上酒的融资门槛不高，仅5000元便可获得一个股东身份，但是按照前期规定，其筛选却是有着严格要求的。因为靠上酒筹的不仅仅是钱，更是思想和人脉资源，并以此来达到从产品设计到宣传销售的全程参与感，从而激发股东资源的最大释放。

2. **重视传播的力量**。靠上酒项目的股东主要来自济南各大媒体人，并依赖其自媒体圈子完成了品牌传播和产品销售环节。几乎每个股东都在媒体行业有着不俗的影响力，纸媒的、网媒的、做微信的、弄微博的，他们是众筹项目的核心，也是产品的主要传播者。一群媒体人的资源整合，最大的优势就在于品牌的宣传和推广，这使得靠上酒前期充分利用了股东在微信和微博上的相互转发，形成了高效、低成本的传播。

靠上酒项目的股东既是项目的核心，也是产品的主要传播者。用"一对多"

的传播分享方式来挖掘潜在消费者，用"点对点"的社交方式来黏住忠实消费者，是靠上酒的主要传播思路。

3. 概念打造及产品包装。作为一款具有互联网属性的产品，靠上酒在"情怀"上也下了很大的功夫。靠上酒的酒水本身并无太多特色，但它通过概念打造、有效包装、专属私人定制等手段，让自己的精神属性发生了质的变化，从而契合了某类消费者的需求。

首先，在产品的命名上，"靠"是指靠谱，"上"是指上等的人，上等的酒。名字虽然简单，却赋予了产品简单纯粹的意义。朋友聚会，喝简单靠谱的酒，不在意虚名，喜欢就好。这是一个很能切合当代消费者，尤其是偏年轻消费者诉求的概念。

其次，通过营造"一度一块钱"的概念，别出心裁的凸显了产品的性价比。靠上酒分靠酒（36.5°，36.5 元／瓶）和上酒（60°，60 元／瓶）两支产品。一度一块钱的说法听起来很新颖，而且很容易让消费者接受，而以其 216 元／箱的最低价格来看，确实也不贵。

4. 提供有私人定制味道的客户体验。靠上酒一箱起订，其灵活的包装让客户可以自主决定印在酒瓶上的图案或照片；文案团队能根据客户的要求写出漂亮的祝愿，让产品变得"专享"；而在渠道上，则是选择相对封闭的圈层进行限时限量的销售。这些，都在一定程度上赋予了靠上酒定制的属性，进一步提升了产品性价比和用户体验。

在销售火爆的同时，靠上酒也积极推进着线下体验馆的建设，对项目落地尤为重视。据靠上酒联合创始人、阁老贡酒业总经理胡锡虎透露，其未来的目标是在山东省十七地市都能有靠上酒的体验馆，并将依托海尔的社群来进行部分山东省外市场的运作，然后考虑利用风投资金的优势来撬动更大的市场。

"靠上酒"的成功固然是值得祝贺的，但也应该认识到的是，众筹酒在酒水行业的初步实践虽然取得一定成效，但囿于众筹模式发起人、平台的有限影响力，发展模式尚未成熟，在产品生产链条上的诸多环节的风险等限制了众筹模式在酒水行业的大规模实践，但不失为对酒水行业营销渠道的一种有效补充。

在酒业的持续调整期，大众酒成为市场的主流，众筹酒有可能成为酒企突破发展瓶颈的有效途径。在消费者主导的大众市场，众筹酒可以满足大众消费者的个性化需求，于酒企而言酒类众筹也可以作为投资项目成为主营业务，不仅促进酒企进行以消费者为导向的转型，同时了解消费者需求促进白酒消费的理性回归。

电影众筹：粉丝众筹的新玩法

案例一：动画《大鱼·海棠》

动画电影《大鱼·海棠》由彼岸天公司制作，自 2008 年开始便已经启动，影片自创意样片阶段已获得国内外众多大奖，并被法国蓬皮杜当代艺术中心收录。

然而，出于制作资金以及行业人才成熟度、团队协作规范的管理等原因，《大鱼·海棠》并没能按时与支持它的观众见面。

直到 2013 年 6 月，动画电影《大鱼·海棠》开始通过众筹网站向动画爱好者们求助。当时，制作人梁旋在新浪微博上发布一条长微博，阐述了彼岸天创作《大鱼·海棠》的艰难历程和对梦想的坚持，恳请网友转发，为《大鱼·海棠》的中期制作筹集资金。他们的梦打动了旁观者，这条微博被广为转发，包括导演李少红在内的许多知名博主都成了他的"粉丝"。

2013 年 6 月 17 日，彼岸天在众筹网站点名时间上发布了 10 分钟的《大鱼·海棠》短片，开始以众筹模式筹集资金，在 45 天时间里，共有来自全国各地的 3596 名网友出资，筹集了约 158 万元，超出了其最初的 138 万元的融资目标。

与获得国家各类补贴的"大制作"不同，越来越多的国产动画开始通过民间的力量赢得生存空间。不少作品已经通过众筹等方式获得了发展机会，而《大鱼·海棠》无疑是成功代表。对于支持者来说，看到自己喜欢的作品逐渐变成现实，

总会有种梦想成真的感觉。而这些真正贴近生活、贴近真正动画爱好者的作品究竟会给中国动画带来怎样的变化，还需要拭目以待。

案例二：《快乐男声》主题电影

2013年，由天娱传媒发起的"2013《快乐男声》主题电影"项目在众筹网上线。按照计划，此项目必须在20天内筹集到500万元才可成功，即达到500万元后电影将于明年在影院上映，项目失败，电影则将被留作资料，筹集资金将被返还。截至10月18日，该项目已经筹集到了超过501万元的电影预售票房，共获得超过2.8万粉丝的支持。据天娱传媒初步设想，购买了电影票的网民将获得兑换码，待电影上映后可凭兑换码直接去电影院的窗口拿票。

整个《快乐男声》电影众筹项目被分为60元、120元、480元、1200元四个不同等级，支持者在支付相应的金额后，会得到不同数量的电影票和电影首映礼的入场券，当日购票数量最高者还可以得到与"快男"亲密接触的机会。其中，购买数量最多的是120元等级，该等级可以获得电影票两张和电影首映礼入场券两张，共有超过1.8万名粉丝购买。在项目动态中，有400多位粉丝留言，表达了对《快乐男声》电影上映的期待，并希望首映礼能够安排在自己所在的城市。

此次众筹网与天娱传媒的跨领域合作是国内互联网金融与商业娱乐的一次成功跨界联姻，说明商业娱乐产业可以利用传统生态领域中已建立的粉丝基础，尝试多样化的融资模式。此次通过众筹的电影项目，面向的不再是讲求情调的小资群体，而是数以百万计的狂热的快男粉丝群体，通过话题传播、人际传播，所实现的经济效益是纯文艺类电影不能比的。

案例三：《西游记之大圣归来》

2015年，最受人们关注的电影，莫过于国产动画《西游记之大圣归来》，上映15日就已斩获约6亿人民币票房。除了"自来水现象"、"次周票房不降反升"、"众筹周边首日卖千万破纪录"等现象，这部电影背后的众筹模式也愈发获得业内关注。该片的出品人路伟透露，曾经参与《大圣归来》投资的89

位众筹投资人，合计投入 780 万元，届时预计可以获得本息约 3000 万元。

《大圣归来》为何要众筹？

这还要追溯到一年前。2014 年 12 月 17 日，筹备了近 8 年的《大圣归来》已经进入最后的宣传发行阶段。相比半年前接手时资金上的捉襟见肘，出品人路伟更开始担心这部缺明星、缺颜值、缺话题的动画片如何吸引观众走进电影院。

一时兴起，他在朋友圈发了一条消息为《大圣归来》的宣发经费进行众筹。寥寥数语只是说明了这是一部动画片，预计 2015 年春节上映。另外，作为出品人的他保底分红。

令他没有想到的是，从上午 11 点 50 分开始，到下午 3 点多，已经有超过 70 位朋友加入了这个名为"西游电影众筹"的微信群里。大家参与众筹的金额从 1 万到数十万不等，不到 5 小时的时间便筹集了 500 多万元。

一个星期之后，《大圣归来》的众筹项目共筹集了 780 万元，有 89 名投资人参与。他们以个人名义直接入股了《大圣归来》的领衔出品方"天空之城"，直接参与到这部投资合计约 6000 万元的电影项目中。

股权众筹的机制让这 89 名投资人深度参与到了这部电影的宣发过程中，每一天大家都在群里出谋划策、贡献资源。他们成为了电影的第一批"铁粉"，不仅在电影上映初期包了 200 多场，还充分调动各自的资源为电影推广出力。

无疑，《大圣归来》的众筹是成功的。值得一提的是，与阿里、京东、百度的影视众筹相比，《大圣归来》的众筹并没有面向大众投资者，在较为正式的众筹平台上推出，而仅仅是其出品人在微信朋友圈发布了众筹的信息。因此，这次《大圣归来》众筹成功的背后与其出品人的行业影响力有较大关系，其能力受到其朋友的较大信任。正因为这种信任，才让投资者花更多时间去关注电影，去帮助电影做相应的口碑营销。

电影众筹已经逐渐成为时下最为流行的投资手段。从上面的几个案例中可以看出，对于电影行业来说，众筹作用非常明显。第一，为电影新人提供融资渠道，比如为小众电影，为拍电影找不到资金的新导演解决燃眉之急。第二，为草根

投资提供机会。第三，帮助小众艺术片、个性化影片丰富我们的市场。因为众筹商业不是唯一目的，只要粉丝喜欢就可以投资。第四，营销手段。现在一些众筹的影片不是真正的众筹，而是理财产品形式的"众筹"，但是引起了人们的关注，起到了很好的营销效果。第五，锁定一部分潜在观众。

房产众筹：开启买房新模式

随着"众筹"概念大热，开发商也纷纷试水，房地产众筹逐渐进入人们视野。房地产众筹，是通过互联网金融解决购房的资金问题。在互联网＋时代，传统地产以供应决定需求的思维模式也发生了改变，开始产生了从用户需求出发的住房定制众筹新模式。目前市面上大致又可分为三种类型：一是营销推广型，即将众筹的概念应用在营销活动上，无大范围推广的价值和可能性；二是投资理财产品型，模式是向投资者募集资金并投资于房地产项目，项目增值，投资者获利；贬值，则亏损；三是合作建房型，以"乐居众筹"为代表，先寻找购房群体，再根据客户的购房居住需求拿地，并通过专业开发商代建直至最终交付使用。

案例一：万科苏州公司房产众筹项目

2014 年 9 月 22 日，万科在苏州推出首个"房产众筹"，涉及的项目是苏州万科城。这次用于众筹的是一套 100 平方米，市场价约为 90 万元的三室住房。

万科制定的规则是，只要投资 1000 元以上，就可以成为投资者，筹到 54 万元总额截止，相当于总价的 6 折。此后，万科城将在搜房网上以 6 折价起拍，最终溢价部分即为投资收益分配给众筹投资人。预期年化收益率不低于 40%。

9 月 27 日上午，万科会在搜房网上对这套房进行拍卖，起拍价为 54 万，拍卖时间为两小时。所有认筹的投资者都可以竞买，最终只有一位投资者买下这套房产，成交金额超出 54 万的部分，将作为投资收益，分给未能拍得房屋的其他人。

这是万科和搜房第一次进行尝试，也是在营销上的一种创新。借众筹吸引客户，同时分析客户的购买能力，进而有针对性地进行营销。

案例二：平安好房海外众筹

近几年，海外置业非常热火，许多人虽有意向，但因不了解也无渠道了解海外市场、海外买房流程、海外租金税费等专业知识，而止步不前。

2014 年 8 月 18 日，致力于成为国内最大房地产电子商务网站的平安好房宣布，即日起全面开放众筹美国房产。通过好房网（www.pinganfang.com.cn）注册，用户最低只需 100 美元就能参与网络众筹，投资美国房产，体验做美国"房东"的滋味。此次众筹的美国楼盘均带有现成租约，其商业价值受主流市场认可。一旦众筹项目成立并运营，参与人就可以按季度领取预计年化收益 4% ~ 5% 的"房租"收益。项目持有 2 ~ 3 年后，通过出售房产，还可能再获一笔不菲的房产增值收入。

对于首期海外房产众筹项目，平安好房设定的众筹周期为 30 天，目标金额为 100 万美元，单笔最低购买份额为 100 美元，每名用户最多可认购 10 份，即 1000 美元。这样的低门槛设置能让尽可能多的普通消费者参与到众筹项目中来，体验海外投资的乐趣，并由此加深对平安好房的认知，提升用户黏性。

案例三：Fundrise——众筹平台做地产开发

Fundrise 是一家通过向个人投资者募集资金投资商业地产的网站，不同于大多数商业地产主要由财大气粗的私募股权投资者支持，Fundrise 的初衷是为了让即便手头只有几百美元的小额投资者，也能有机会参与自己所在社区的地产建设。目前该网站已经吸引了 300 个开发商注册，房地产众筹正在成为一个重要的融资模式。

Fundrise 于 2012 年 8 月成立于华盛顿，创始人为本·米勒（Ben Miller）和丹·米勒（Dan Miller）两兄弟。

在房地产投资领域有两大问题需要解决：一是过去的商业地产的主要投资者私募股权并不了解社区居民的真正需求，建出来的东西常常与需求不匹配；

二是各类中间商的存在会削减投资者的收益。

Fundrise 的运作模式是这样的：开发商可以在 Fundrise 上列出酒店、公寓等地产项目，投资者可以按需购买地产项目中的份额，投资规模从 100 美元起步。按照投资占比，投资人可以从地产出售所得收入中获利，也可以拿到一定比例的房屋租金收入。据悉，每位投资人平均可以得到 12%~14% 的收益回报。

他们的第一个项目是建设运营亚洲商品零售市场和饭店的建筑。这个项目用了三个月时间筹集了 32.5 万美元。当时 Fundrise 所做的事情太过新鲜，人们闻所未闻，米勒兄弟需要不停地向人们宣传这个概念。因此第一个项目耗时三月之久才成功。第二个项目进展加快了许多，米勒兄弟只用了一周时间就从 14 位投资者那里筹集了 25 万资金。

根据 Fundrise 公布的数据，目前 Fundrise 共上线了大约 36 个地产众筹项目，总价值达 1500 万美元，共计有 1000 多位投资人参与。

利用众筹平台做房地产开发，将闲散社会资金整合进入社区地产投资，这是 Fundrise 一大特色。

从上面的几个案例可以看出，房地产众筹能够较好解决融资和销售上的两难困境，同时，也能尽快帮助房地产公司实现精准化的市场销售和较低的成本投入。

房地产进入白银时代，房产电商加速推进房地产业从"卖方市场"转变为"买方市场"，众筹将会围绕着房企的两大痛点"资金与客户"不断创新，或从选址、开发产品、房产类型等全线均应用"众筹"概念，从众筹房产到众筹小镇，再到创造新型城镇化模式。通过千万"粉丝"众筹一个楼盘，或是一个社区，或是一个小镇；而这些"粉丝"要么是这个小镇的投资者，要么是这个小镇的建设者，要么是这个小镇的居住者，要么是这个小镇的管理者，这样的众筹将会是全产业链的众筹，是未来真正的房产众筹。因此，房产众筹不应是短期的融资行为，而是地产行业的互联网化；众筹不单纯是购买一款商品，而是满足消费者的需求，实现消费者和投资者的购房梦想。

社交众筹：在咖啡馆品众筹咖啡

不知何时起，咖啡走进中国人的生活，咖啡也不再仅仅是一杯握在手中的饮品，它成为一种文化和社交载体。

每个人内心深处都驻扎着几个梦想精灵，其中就包括开一家属于自己的咖啡店的梦想。只是过去敢把梦想变为现实的人少之又少，然而当咖啡馆与众筹相遇，一件看似无法完成的事情却轻而易举地实现了。在中国，众筹和咖啡馆联结在了一起，正以它独特的形式展开。

案例一：一八九八咖啡馆

2013 年 10 月 18 日，依托北大校友创业联合会平台，200 位北大校友每人出资 3 万元众筹成立了国内首家校友创业主题的咖啡馆，旨在通过连结学校、校友、社会、凝聚多方资源，打造校友创业之家。

一八九八咖啡馆的成立是依靠熟人众筹，因为是熟人圈，基于信任，股东没怎么见面，咖啡馆就办起来了，而且速度很快，从发起号召到开业，用了不到半年的时间，它成立之后推动的融资案例依然是靠熟人众筹。浏览股东花名册，200 位发起人涵盖了北京大学近 30 年来不同届别、不同院系、不同专业的毕业生，皆为在各领域中的知名人士、企业家、高层管理者。这些联合创始人所在的行业涉及金融、移动互联网、新能源、新媒体、教育、法律、高科技等多个领域，依托于此，一八九八咖啡馆可以最大限度地为包括北京大学校友在内的创业者提供创业各阶段所需的资源。此外，200 名发起人中，八成左右都出生于 70 年代，目前多处于事业上升期，其寻求合作发展的动机非常强烈，带动了圈子活力。

200 位股东的力量有多大？200 个人都有自己的圈子，每个人都是咖啡馆创始人、也是消费者和宣传者，200 个人会带很多人过来消费，形成了口碑圈子的消费和宣传。用数据来证明，通过 200 位股东的微信传播，开业前 3 天咖啡馆就来了 1500 人，之后这 1500 人又成了新的微信源，口口相传一个月后，全

球的北京大学校友几乎都知道了一八九八咖啡馆，它的附加价值在原来的基础上放大了 N 倍。

一八九八咖啡馆实行股东轮值制度，每位股东每年至少进行一次轮值。他们早上到咖啡馆做服务生，下午约朋友来咖啡馆聊天，晚上则要组织一场活动。通常，一八九八咖啡馆平均每星期举办 4 场活动，一年下来有 300 场左右。北大校友和社会精英的光顾，使得一八九八咖啡馆聚集了高人气，在这里，一个又一个新的项目被孵化出来，当然包括许多众筹项目。

显然，搭上众筹的快车，一八九八咖啡馆现在已经成了一个非常高效的交易所，不同圈子的人聚焦到这里，交流思想、交换资源、交易项目……

目前，从一八九八咖啡馆的董事长杨勇打算以这一模式开成百上千个咖啡馆，聚集不同的校友会、高端俱乐部和商会协会。

从一八九八咖啡馆的建立及运营，我们可以看到：咖啡馆不是让你拿钱来投资，而是拿钱来投资一个圈子平台，每个人都有"入门费"，但换来的是一个高端的"圈子"，得到的是跨界资源、人脉、时间和更多的服务。

在全新的商业模式下，一个咖啡馆拥有了更多的附加价值，这些价值较以往的评估方式加乘了 N 倍，而当与资本结合则会带来更大的变化。

案例二：3W 咖啡馆

在北京中关村西大街上，有一家极力营造互联网人群圈的 3W 咖啡，成立于 2011 年底。3W 咖啡是由许单单、马德龙、鲍春华三位创始人负责经营的，以股权众筹模式而创办的新型咖啡馆，3W 咖啡联合创始人鲍春华解释咖啡馆的经营理念为"以咖啡为载体，为创业培训及风险投资机构寻找项目搭建平台"。

3W 采用众筹模式是，向社会公众进行资金募集，每个人 10 股，每股 6000元，相当于一个人 6 万。3W 有一个豪华的投资人阵容，包括乐蜂网创始人、知名主持人李静，红杉资本中国基金创始及执行合伙人沈南鹏，新东方联合创始人、真格基金创始人徐小平，德讯投资创始人、腾讯创始人之一曾李青，高德软件副总裁郄建军等等，这也让创始人许单单春风得意。而 3W 咖啡也被福布斯中文网喻为有中国特色的众筹创业模式的案例之一。3W 很快以创业咖啡为契机，将品牌衍生到了创业孵化器等领域。

3W 的游戏规则很简单，不是所有人都可以成为 3W 的股东，也就是说不是你有 6 万就可以参与投资的，股东必须符合一定的条件。3W 强调的是互联网创业和投资人的顶级圈子。而没有人是会为了 6 万未来可以带来的分红来投资的，更多是在意 3W 给股东的价值回报——圈子和人脉价值。试想如果投资人在 3W 中找到了一个好项目，那么多少个 6 万就赚回来了。同样，创业者花 6 万就可以认识大批同样优秀的创业者和投资人，既有人脉价值，也有学习价值。很多顶级企业家和投资人的智慧不是区区 6 万可以买的。

3W 咖啡不只是一家普通的咖啡馆，它的业务还包括天使投资等，它还会定期组织深度沙龙和聚会，促进富有创意的年轻人和创业者之间的经验分享交流和股东之间的合作交流。3W 咖啡正在运营的一个名为"拉勾网"的互联网求职与招聘网站，在 2014 年 8 月刚刚获得 2500 万美元的融资。2012 年央视更是对之进行了报道，此举引爆了 3W 咖啡的行业影响力，也助推 3W 走上了连锁运营模式。

短短几年时间，3W 成为了一个知名的跨界品牌，开创了咖啡馆的创新——从一家咖啡厅出发，瞄准互联网公司和人群，深耕细作，现在已成长为涵盖创业孵化、投资（有个 4000 万的基金）、猎头、公关服务和在线招聘于一体的创业服务平台，完美演绎了众筹模式。

3W 咖啡是采用会籍式众筹发展起来的，比较适合同一个圈子的人共同出资做一件大家想做的事情。比如开办一家 3W 这样有固定场地的咖啡馆方便进行交流。

3W 的成功也道出了中国特色众筹模式的关键。在体制缺失的情况下，优先建立游戏规则。在信任不成熟的条件中，基于人脉圈和人际圈进行扩散。3W 为投资人提供了一个基于圈子的价值。换言之，3W 为众筹的对象提供金钱不能够提供的人脉价值、投资机会、交流价值、社交价值、聚会场所等，这些是这

些众筹参与者看重的。

科技众筹：3D 打印产品

3D 打印是近两年最火热的科技话题。所谓 3D 打印，即快速成型技术的一种，它是一种以数字模型文件为基础，运用粉末状金属或塑料等可黏合材料，通过逐层打印的方式来构造物体的技术。而所谓的 3D 打印机是可以"打印"出真实的 3D 物体的一种设备，比如打印一个机器人、打印玩具车，打印各种模型，甚至是食物等等。之所以通俗地称其为"打印机"是参照了普通打印机的技术原理，因为分层加工的过程与喷墨打印十分相似。这项打印技术称为 3D 立体打印技术。

目前，虽然我们还不能真的如科幻电影里面一般下载一个汽车图纸就真的打印出来，但是很多领域都开始使用这个技术，因为 3D 打印实在太酷、太吸引眼球了！

案例一：The Micro 3D 打印机

3D 打印机虽然被人们关注，但由于其价格过高一般人还是消费不起。目前市面上最便宜的 3D 打印机要数 MakerBot 公司出品的 Replicator Mini，其订购售价约为 1300 美元。不过对于一款消费电子设备来说，1300 美元的价格仍然偏高，成为阻隔大众使用这一技术的主要因素。

2014 年 4 月 7 日，3D 打印技术公司 M3D，在众筹平台 KickStarter 上发布了其最新款 3D 打印机 Micro。用户以 199 美元的最低众筹价即可获得。作为回馈，199 美元认捐者将得到一台 Micro 3D 打印机，获得"早期使用者"徽章，一卷打印原材料，但不包含运费。

目前，这款打印机筹资已经完成，但其众筹速度可谓惊人。在项目发布的11 分钟内，就已经达到了其筹资目标 5 万美元。而在短短的几个小时内，筹资额已达到 77 万美元。4 月 10 日，Micro 3D 打印机筹资已经达到 200 万美元。而 M3D 团队最初的众筹目标资金仅仅是 5 万美元。从这也能看出，大家对 3D

打印机的追捧以及家庭 3D 打印机的市场之广阔。

那么，Micro 3D 打印机有什么特殊之处吗？为什么在如此段的时间内就众筹成功了呢？

一、价格优势

首先，Micro 3D 打印机的众筹目标较低，只有 5 万美元，比较容易实现，而事实上也证明确实如此。仅在项目发布的 11 分钟内就已完成了筹资目标。其次，Micro3D 打印机本书的价格低廉。M3D 团队承诺支持者如果下手早的话，可以以 199 美元的价格获得一台 Micro，虽然它的市场价位 299 美元，就算这个价格也远远低于同类产品。

二、产品优势

The Micro 的打印分辨率在 50 至 350 微米之间，非常轻巧，重量大约为 1 千克，可适用于 Windows、Mac 或 Linux 系统，兼容 USB 连接口，可移动的打印底座，支持不同类型的打印材料。对于高端用户来说，The Micro 支持和使用开源软件；对于普通用户来说，使用方便，即插即用，无须 3D 打印经验。

高性能是 The Micro 最大的亮点，这也是 M3D 团队创造 The Micro 的原因所在。希望为人们提供一款方便易用，又可负担的 3D 打印机，既适合创学者，也适合行家。你只要插上打印机，下载或创建模型，点击打印，最后等成品打印出来即可。

案例二：3D 打印项目"不能说的秘密"

2014 年，李一舟和他的创业团队在追梦网上发起的众筹的项目——3D 打印"不能说的秘密"，获得了巨大成功。当初他们只想筹资 1 万元，结果在项目上线的十几个小时内，他们就已经筹到目标金额，项目结束后，他们总共筹得了 3 万元项目款，而最重要的是他们在众筹的过程中收获了投资人的关注，收获了他们的第一批用户，收获了寻找合作的客户，还有众筹网站带来的配套资源。

李一舟是北京匙悟科技创始人，他有一个关于设计的梦想，就是在还拿得

动笔的青春岁月里，多做一些有意义的设计。而梦想，便从"只为她设计"的3D打印起航。

李一舟发现，女生总是喜欢换手机壳，喜欢那种千变万化、绚丽多彩的感觉。如何让女生在享受科技产品的同时也彰显女性特质，不和包包里面的唇膏、粉饼格格不入？李一舟和他的创始团队开启了"轻科技"产品设计之旅。"只为她设计"所有的产品都是女生专属，每个小心思都会被设计师融入其中。李一舟团队设计的首款产品便是戒指。为了打造原创的专属于她的戒指，创业团队倾听了无数个"她"的故事，最后，设计师再把那些故事融合在每一枚戒指的设计里，这是对回忆最好的纪念。

这样的设计理念怎样在现实中开花结果呢？据李一舟介绍说："通过3D打印，可以保证100%原创高品质设计以及完全独立的知识产权。我们希望做创新项目，做设计最怕抄袭，通常产品从工厂生产出来后，就有模仿者直接照着图纸复制产品拿去淘宝卖了，所以通过众筹的方式做3D打印设计，这中间环节多、门槛高，需要设计师不断改进，中间有试错、推敲的过程，如果有人抄袭，模仿的成本非常高，还不如直接从我们手头订货便宜。"

这个3D打印项目的成功有两点原因：

1. 以"女性＋科技＋时尚"的全新角度去诠释项目产品，吸引了处在时尚前沿、锐意进取的先锋达人，达到了预期的目的。

2. 众筹项目的回报吸引人。用户支持后，可以根据支持金额不同分别获得相应的回报：如：支持59元，为你设计专属的明信片；支持99元，可以得到一件价值129元的专属创意T-Shirt表达你所想，传递你所想；支持99元，可以获得一枚价值149元的设计师打样款（树脂）3D打印戒指"她戒"。从59元、99元、199元、399元、1314元到2588元，按照不同的金额对应不同的产品价值，这些既时尚又充满文化内涵的产品，其实已经在众筹平台上找到了相对应的客户和被认可的价值观。

产品众筹：京东"三个爸爸儿童专用空气净化器"

2014年10月21日，京东众筹金额最高纪录被刷新：三个爸爸儿童专用空气净化器在上线的第29天，众筹金额突破1000万，成为京东首个千万级众筹。事实上，三个爸爸创造的奇迹不止于此。众筹开始半小时达到50万，不到1小时冲破100万，12小时内超过200万！无一不令人振奋。截至10月22日上午项目结束时，三个爸爸儿童专用空气净化器在京东众筹平台的筹集总额为11226231元。

作为一个全新的品牌，在众筹平台做出如此成绩实属不易。那么，三个爸爸是凭什么创造奇迹的？这究竟是一款怎样的净化器呢？

三个爸爸空气净化器是一款主打儿童空气净化市场的智能空气净化器，制造产品初衷是为了给自己未出生的孩子增加一层保障。"我们是在用爸爸精神为自家孩子造产品，所以绝对是用最好的材料、最先进的技术"，CEO戴赛鹰解释："为什么品牌名叫三个爸爸？因为'三人为众'。'三个爸爸'既指我们三位创始人爸爸，更是代表了天下众多爸爸对孩子的关爱。"

作为一个初创品牌，三个爸爸从诞生之初就在讲情怀。三个爸爸有一个很不错的品牌故事：三个爸爸团队中的几个创始人，初做项目时，有些还是准爸爸，有些已经升级为奶爸，爱子心切的他们发现，他们居然给不了最基本的干净空气，因此下定决心投入创业，打算为孩子造一款专用的空气净化器，解决PM2.5和甲醛的问题。这个故事，足以打动不少为空气揪心的宝爸宝妈。

为了充分了解婴幼儿父母在使用空气净化器的过程中的需求和痛点，三个爸爸团队在项目启动前对700多位儿童家长做了调查，结果发现，除了净化和除甲醛功效，安全也是一大痛点。

为了防止孩子磕碰，三个爸爸儿童专用空气净化器外形面全部采用圆角设计；出风口斜向上避免直吹儿童身体；外形结构整体避免儿童手指卡入的风险；为过度引起儿童关注导致误操作，产品外观设计摒弃卡通设计，时尚大方，且

按键特别配置儿童锁；而且特意采用国际先进的电源线防拖拽漏电保护装置，保证孩子安全。

除此之外，开净化器能否开窗也是净化器使用中的一大普遍困惑。为了解决这一难题，三个爸爸儿童专用空气净化器采用军方潜艇空气净化技术，可直接将二氧化碳转化为氧气，实现自动增氧。而先进的智能物联功能，可以让爸爸妈妈在任何地点通过网络远程操控空气净化器，实时监测室内空气质量。

目前，三个爸爸儿童专用空气净化器已经在官网、京东和天猫商城开放购买，定价4999元。

雾霾天气引爆了空气净化市场，而"三个爸爸"背后的呵护儿童情怀更牵动了家长的心。空气净化产品作为小家电，具有入门门槛很低、市场需求大的特点，很容易用低成本打开市场。三个爸爸产品利用产品情怀搭建了适合自己的商业模式，给创业增加了故事色彩，吻合市场用户观、产品观、参与观，最终赢得了市场。

情怀，是众筹产品的一个关键词。从贴上"文化和社交"标签的咖啡馆众筹到巨刚众酒的"微醺态度"，再到三个爸爸儿童专用空气净化器，这些产品无一不是具有情怀的，而且戳中了某类人群的神经。众筹模式改变了传统的产品交易模式，消费者或投资者买的就是一款仅仅具有概念的虚拟产品，而这个产品必须是新鲜的，其概念是既能吸引到某类消费人群，又能满足其需求的。目前，众筹产品不适合市场已有的成熟产品，众筹过程的完成是在一个相对封闭的环节，需要一个新概念去包装产品，打造的就是消费娱乐化、品牌人性化的情怀，从而获得了特定群体的认可。

公益众筹：冰桶游戏解救渐冻人

2014年夏天，一项名为"冰桶挑战赛"的公益活动曾席卷全球，号召人们关注渐冻人群体，并为相关协会捐款，这让公益众筹开始走进公众的视野。

"ALS冰桶挑战赛"首先在美国开始流行，活动规定被邀请者"要么在24小时内接受挑战，要么就选择为对抗'肌肉萎缩性侧索硬化症（ALS）'捐出100美元"，旨在让更多人关注ALS并募捐。有意思的是，该活动像火炬传递一样，一个人挑战完毕要点另一个人参加。比尔·盖茨、扎克伯格、贝索斯、库克等科技大佬都受到"一桶冰水当头倒下"的洗礼。很快，"ALS冰桶挑战"被引入中国，包括360董事长周鸿祎、华为荣耀业务部总裁刘江峰等IT大佬纷纷响应。周鸿祎于18日完成挑战后点名真格基金的徐小平、魅族的黄章及腾讯的马化腾……

此次活动刚开始一个月，ALS协会就已经收到400万美元的捐款，相比2013年的112万增了近3倍。虽然是没有接受挑战才捐款，但是很多完成挑战的人最后也捐款了。

这项看似"残酷"的公益活动，为什么会具有如此强大的号召力，有什么方面值得公益众筹去学习的呢！

1. **策划要有意思并且利于传播**。因为公益众筹的周期相对传统公益来说更短一些，所以就需要在项目策划时就思考如何让公益项目在短时间内尽快传播到更广的人群当中。比如这个冰桶挑战赛，就极具挑战意味，让更多的人在短时间了解到。另外，"泼冰水"恰恰满足了人们的猎奇心理。相对于电视机前光鲜亮丽的形象，人们更愿意看到这些名人丑态百出的样子。当然除此之外，门槛低参与性强也是冰桶挑战赛能够迅速走红的因素之一。

2. **发起人具有影响力**。与其他众筹项目相比，冰桶挑战赛以名人作为发起者充当意见领袖的作用从而实现多级传播效果是非常显著的。信任是公益捐助中非常重要的一个环节，参与捐助和传播的人对发起人的信任会让公益众筹的成功率大大增加。但在这次风靡全球的挑战赛中，名人每次都会将挑战视频进行公布，这样在无疑中就大大增加了影响力和信任感。另外，大众处于对名人社会地位的影响力，也会愿意关注事件进展并付诸效仿。

3. **公益项目的展现要灵活**。很多时候，活跃在互联网的用户，往往对于枯

燥乏味的新闻报道是没有多大兴趣的，尤其是对于年轻人，他们更喜欢一些有趣的视频、精美的图片等等，同时这些元素都是非常有利于互联网传播的。在公益慈善与互联网结合的当下，有时候，弱化"公益"，可能会取得意想不到的效果。

4. 设置合理的回报。有时候，一个充满创意的回报环节会让用户更加愿意参与公益众筹，这个回报不一定非要多么丰厚，可以是一些比较有趣的。

5. 传递一个有情怀的故事。实施众筹的项目本身应该是一个具有价值的产品，并能把这种价值性传递给公众，而价值性的有效传递就需要一个有情怀的故事，通过故事的讲诉能引起某一群体对项目的共情和认同。例如，天涯公益发起的"免费午餐计划"，该项目的宣传语是"一人捐 5 元，就是一个山区孩子的两餐热饭"。把 5 元钱这类冰冷数据，形象地化解成两顿热饭，非常直观地传递了情感故事。

如今，"公益众筹"已经作为一个跨界产物应运而生。各大众筹网站基本都设有"公益"板块。众筹平台增强了公益项目发起人和认筹者的互动开放式运作，有利于项目与参与者形成更加紧密的关系，这也是"全民公益"时代的一个注脚。

图书众筹：图书上市前的预售

随着数字革命的步伐加快，作者和出版商的压力与日俱增。但作者、杂志和出版商们正开始迅速应对线上世界带来的挑战——他们开始走向网络，通过众筹网站直接接触读者。

众筹出版可以说是现代出版产业在向社交化信息社会转型中最富创新性和最有价值的探索性尝试，从根本上改变了传统出版产业的生产和消费模式，为其未来战略转型和深入发展提供了可行的方向和思路。

案例一：《社交红利》

2014 年，一本名为《社交红利》的书在微信朋友圈中异常火爆，之所以引起广泛关注，是因为《社交红利》在首次印刷之前通过众筹的方式预售了 3300 本。也就是说，只花了两周的时间，出版方就募集到了 10 万元书款，在未出版前就已经保本。之后一个月《社交红利》加印 3 次，在没有传统营销渠道的辅助下，取得了一个月售出 5 万本的成绩。这样的成绩，让众筹这个在互联网金融领域火热的名词迅速成为了传统出版业的热门话题。

2013 年 5 月，李开复向磨铁黑天鹅图书部门推荐了一部书稿——腾讯内部员工撰写的《社交红利》。在这部书稿中，对当下微信、微博火爆的原因做了详细的分析。拿到这本书后，黑天鹅图书就意识到了书稿的价值。

但一本讲述互联网商业的书，怎么利用好书中所讲述的那些概念和工具？这成为作者徐志斌和出版方磨铁一直纠结的问题。后来，徐志斌决定不采取传统的发行方式，而是选择了众筹网，以众筹的模式来尝试出版和发行《社交红利》。结果出现了前文所述的情况，首次印刷之前就通过众筹的方式预售了 3300 本。

《社交红利》正式开始销售后，不到 10 天，首批 3.2 万册售罄，磨铁开印第二批 1 万册。随后磨铁再度加印两次，销量超过 5 万册。《社交红利》的成功，验证了众筹模式在出版领域的可行性。

事实上，《社交红利》本来只是作者徐志斌写给腾讯微博开放平台开发者的内部白皮书，但最终他将这本书的写作和出版，变成了一次由众多互联网业内人士参与的社交实验。在这次实验中，他不仅完成了一次互联网式的商业探索，更印证了"社交红利"正在成为社交网站时代企业营销的新玩法。我们可以将图书众筹模式定位为一个全新的商业模式。

案例二：《创业时，我们在知乎聊什么？》

2013 年 12 月，国内知名社区网站知乎联合中信出版社出版发起了《创业时，我们在知乎聊什么？》的出版众筹计划，募 1000 位联合出版人，每位联合出版人提供 99 元众筹款，合计众筹 9.9 万元，由美团平台支持众筹。

此次众筹出版的《创业时，我们在知乎聊什么？》将知乎运营三年以来

有关于创业的问题和回答进行整理，并在与问题和答者取得授权的情况下集结成册。

在这次出版众筹的过程中，知乎作为内容方，中信出版社作为出版方，美团网则作为众筹支持平台。这是知乎首次发起和联合出版社进行实体图书出版方面的尝试，也是国内互联网乃至国内出版行业罕见的众筹的方式进行出版。

事实上，创业指导类图书并不好卖。然而，《创业时，我们在知乎聊什么？》在亚马逊一发布预售，就登上了预售榜第一。究其原因，图书的内容来自知乎上关于创业的精华问答，这保证了创业指导的实用性。

早在 2012 年，知乎就开始图书项目的筹划，但考虑到出版的复杂性一直没有真正落地，直到 2013 年，知乎的 CEO 周源决定用互联网的方式做一本书。他根据最近过去 5 年的创业经历，拟定了书的框架。之后，由知乎编委成员在知乎网上寻找合适的内容，经过大致三轮的调整，话题从最初的 500 多个，通过知乎网友点赞或反对的方式甄选出 103 个创业话题。

从 2013 年 6 月开始，知乎向入选的作者发送内容授权出版的协议。93 位作者中，有 91 位不要稿酬，知乎以额外赠送邮寄典藏图书的方式感谢他们。另外两位作者，约能拿到每千字 300 元的稿酬，一次性结清。这也意味着，知乎在作者稿酬成本上不用付出太多。

对于出版方中信出版社来说，网上遴选帮他们简化了传统出版中选题论证以及约稿过程。因为有了知乎上 500 万粉丝的参与，前期的市场调研、作者约稿等过程，在知乎上都已基本解决。出版社拿到手的内容已基本成型，继而进入传统的出版流程。留给出版社的就剩下后期编辑、印刷和发行等无法用互联网完成的工作。

从发起众筹到正式出版，这本以互联网创业为主题的《创业时，我们在知乎聊什么？》本身也是一次有趣的互联网出版实验。知乎希望让大众能够更多的认可众筹这一模式的潜在力量，这种模式与知乎所倡导的知识分享精神都是一种开放的互联网精神。

从知乎出书的众筹模式来看，图书的内容和作者都有了新的来源，促进了内容生产的形式创新。这让一些因为成本问题而被埋没的好作品得以更多地面世，打破了读者和作者之间的障碍。

案例三：《周鸿祎自述：我的互联网方法论》

2014 年 8 月，360 公司董事长兼 CEO 周鸿祎的新书《周鸿祎自述：我的互联网方法论》在京东众筹平台一个月内筹资超过 160 万元，预订量达到 5 万册，成为图书行业第一大众筹项目，也刷新了京东众筹上线后的单项目点赞和关注人数的历史纪录。同时，企业通过团购预订踊跃，总预订量超过 10 万册，创 tfk 造图书出版行业的奇迹。该书是迄今为止 360 公司董事长周鸿祎亲自执笔的唯一著作。

这次众筹的主题是"周鸿祎约你私密午餐会"。私密午餐会项目的内容主要包括了周鸿祎在北京、上海两地 1 对 9 私密午餐会，名为"转型与颠覆：互联网思维风暴"的周鸿祎分享会 VIP 入场券 1 张，再加上周鸿祎新书 300 册等。周鸿祎通过微博表示：希望通过众筹邀请志同道合的朋友面对面一起开拓互联网思维，开阔海内外视野，畅谈如何迎接互联网的挑战。

与以往的出版众筹思路不同，周鸿祎的新书众筹并不是以书为出发点，而是以出版物为纽带，将各个资源组合而成的北京和上海的两场互联网分享峰会，结果却达到了整体的影响力。这也成为此项众筹能够刷新多项纪录的关键。

在这个公认的不读书的时代，图书市场一直比较低迷，为何周鸿祎的新书取得如此好的成绩，这与周鸿祎个人的参与密不可分。

首先，周鸿祎是中国互联网第一代老兵，有着在互联网摸爬滚打多年的丰富经验。他曾任职方正集团，后创立了 3721 并任雅虎中国总裁。又是互联网二次创业的成功代表，紧跟潮流，再次抓住了移动互联网时代的发展机会。2008 年周鸿祎再次创立了 360 公司，将"互联网免费安全"这一理念普及千家万户，也由此让 360 拥有了超过 4 亿的用户。所以周鸿祎带给读者的将是更接地气，更具有实践意义的互联网方法论。

在图书正式发行后，众筹的"私密午餐会"也正式兑现。多位创业者与周鸿祎共进午餐，周鸿祎现场点评了多位创业者的商业计划书，面对面给予创业者建议和指导。另外在新书分享会现场，周鸿祎还与超过1000位与会者分享了自己对于互联网思维以及传统企业互联网转型的思考。

其实，此次众筹从刚开始就不以卖书为目的，更多的是想用一种众筹的模式去整合更多资源，能够让读者与作者近距离交流，获得更大的价值。针对创业群体和传统产业互联网转型焦虑群体，力邀多位互联网业、传统产业的企业家和知名媒体人参加，分享创业和互联网转型经验。这款众筹产品定位清晰，宣传路径又很高效，所以信息所到之处，参与者激情都很高。

如今，图书众筹出版，这种新兴的内容组织和营销的形式正悄然改变着出版业。曾几何时，先收款后出版，是不少出版人的梦想，众筹的方式无疑让这个梦想成真，在改善了现金流的同时，将市场风险降到了最低。出版行业采用众筹模式，不仅可以帮助出版商提前预测市场风向标，还可以帮助上线书籍做好相关营销，为书籍后续影响力的爆发提前做好铺垫。

众筹之所以普及，与互联网技术的发展和出版模式的转型密切相关，这得益于微博、微信的流行，以及众筹网站这一平台的出现。对于出版业来说，众筹是传统出版和数字化出版之间实现连接的形式。不可否认的是，众筹开启了出版维护和拓宽产品价值链的另一种路径。

梦想众筹：单向街寻找 1000 名主人

在每一个安静的午后，沏上一杯咖啡，在落地窗前，捧一本书，安静的读，亦或是仅仅从每一个书架走过，闻着每一本书不一样的味道……几乎每一个爱书的人的心里都有一个开书店的梦想，许知远也是其中之一，他一直都梦想自己有一家干净明亮的书店。

2006 年，许知远筹资在圆明园创办了"单向街图书馆"。三年之后，靠着丰富精彩的文化沙龙，单向街被人们所知。最开始他们举办的沙龙活动，尽管偏僻，但每场沙龙都有几十上百人参加。从 2006 年成立到现在，单向街的文化沙龙举办超过 700 场，共计超过 12 万人次在此聚集和听讲。

然而，梦想很丰满，现实很骨感。单向街并不是以赢利为目的，多年来不断地面临现实考验。2009 年，因为营收无法应付房租，单向街遇到了第一个大坎儿：要么搬家，要么停业。

为了延续梦想，单向街于 2009 年 10 月搬迁至朝阳区蓝色港湾。虽然是书店的"乔迁之喜"，但因为搬迁和装修资金不足，2012 年 6 月 20 日开始，这家人文气息浓厚的书店，在众筹平台"点名时间"上发起众筹项目——"寻找 1000 名主人"的活动。

（1）单向街需要大家一起参与进来，给新的单向街提供建议。我们希望，每一个来到单向街的人，都能够找到一个自己喜欢的角落，可以在这里舒适地度过一整天。因此，请大家在支持后的留言栏里告诉我们：你眼中的单向街应该是什么样子的？我们会选择有创意的点子把它变成现实，另外，欢迎精通室内设计、平面设计、手工艺的同学一起来为单向街出谋划策，把单向街装修得更加温馨舒适，把给大家的回报做得更加精致。

（2）单向街还需要一笔资金用于支付单向街的租金和装修的费用，希望大家能够支持。

（3）不论你以什么形式支持单向街，你都将成为新的单向街的主人，获得一份印有你身份的名片，作为新主人的标识。

所有爱书的人，一起来成为单向街这个书店梦想的主人吧！

单向街书店"寻找 1000 名主人"的众筹项目一上线，就引来了人们极大的关注度。这种关注既是基于近年来中国实体书店的窘迫生存，也是单向街长久以来作为京城为数不多的公共空间所得到的回报之一——它所得到的还有另一种可见的回报：网络资金募集活动为单向街募得 235975 元，这些钱，来自 1073 位网友从 50 元到 2000 元数额不等的捐助。在过去一年"点名时间"以支持梦

想名义发起的所有点名募捐中，从未有哪个活动如单向街这次如此迅速地获得如此多的支持。

单向街，因一个开书店的梦想而生。但她却不仅仅是一个书店的名字，更是一个梦想的代名词，一个交流与分享的公共空间。

创业众筹：黑马运动会——史上最不靠谱的运动会

每个有梦想、有能量的人，都有一颗创业的心，然而，单有梦想是不会成功的，还需要寻找到一条较为便捷的创业通道，2014黑马大赛正是创业者通往梦想彼岸的坦途。

2014年3月29日下午，创业家举办的2014年第一届黑马运动会在北京航天航空大学体育馆举行。此次运动会由来自医疗、旅游、教育、TMT等8个行业代表团参会。经过一番较量，最终由王小川所带领的tmt团勇夺冠军。本届运动会同时也是2014黑马大赛的启动仪式。

这是史上首个用"互联网思维"举办的运动会，与以往各种会议不同，此次黑马运动会采用众筹模式发起。数十位行业大佬、企业家在人力和物力上支持这次运动会。

2014年2月24日晚，创业家传媒通过微博号召发起了中国创业界的首个运动会。这次运动会被创业家传媒戏称为"史上最不靠谱的运动会"，吸引了包括任志强、蒋锡培、周鸿祎、姚劲波、王长田在内的一干大佬的参与，而众多读者、黑马营学员、黑马会会员的转发使得这则消息迅速升温成为当天的热门事件。

黑马运动会是创业家传媒依靠众筹模式，成功召开的创业界盛会。无论是领队、参赛队员，还是啦啦队、资金赞助，乃至比赛项目和规则都来源于创业家通过微博、微信等客户端发起的众筹。截至2014年2月24日晚上12点，已经有2000多人报名参加这次运动会，连国际车企克莱斯勒在新浪微博上都表示要赞助！

创业者出钱、出人、出点子把号称"史上最不靠谱的运动会"变成了一个创业界的盛世。是创业者们围绕黑马会，送干货、造氛围、助传播，才造就了如此高的关注度。这一切不仅揭示了众筹是目前变现粉丝经济的最佳模式，再次印证了众筹会在 2014 年快速崛起的预言，同时也向世人展现了新浪微博作为中国最好的众筹平台的事实。

这一事件不仅是一个行为艺术的华丽插曲，也不仅仅是一次运动会的成功传播案例，更喊出了创业者的自信、创业者的潜力、互联网思维的力量。只要团结在黑马会的周围，坚持商业规律，利用好平台资源，就没有做不到的事情。

附：2014 黑马运动会的众筹规则

黑马运动会时间：3 月 28 日—3 月 29 日

黑马运动会主会场：北京航空航天大学体育馆

众筹说明

3000 创业者规模的运动会在不到一个月的时间里，由不靠谱变为靠谱，简直是个奇迹，从团长，到副团长，到运动员，到队员，甚至到裁判和摄影，一步步走来，都是"众包、众筹、众享"实现的。而这个奇迹的制造者不是《创业家》，是参与每一步的创业者。

夏华代表团说要成为最时尚的代表团、姚劲波代表团的口号是"姚姚领先"……每个代表团都暗流涌动，屡出奇招。这正是创业者运动会的魅力所在，没人知道结果如何，创业者制造的惊喜不仅仅在改变每个行业，也在制造着中国最具互联网思维的运动会——黑马运动会。

爱黑马运动会也是爱自己，"众筹"的资金不用于组委会，不花费在 29 日晚上运动会主场及筹备上面，"众筹"的资金用于出资的每一个人，用在每个团的自行组织的行业活动中。在这里，您将获得远超过投入的回报。黑马运动会分为思想运动会和竞技运动会。在思想运动会上您将参与黑马按 8 大行业分类的春季论坛，其中有大佬分享，有项目路演，也有互相交流；在竞技运动会上，

有拔河、赛跑等趣味运动，您将见证一个史上最跨界创业者嘉年华，黑马会会员嘉年华。如果您想到现场参加这次史上最热闹的创业者嘉年华，就来"众筹"表达您的爱吧！

"众筹"所得资金用途分为两部分：在"众筹"资金中每个代表团留 12 万用于运动会"总奖金池"，剩余"众筹"资金汇给各个代表团指定财务官，自己支配用于代表团在黑马运动会期间集体餐饮、论坛会场间集体交通等费用。总之，取之于您，用之于您和您所爱的代表团。

一、"众筹"规则

1. 2014 年 3 月 29 日晚上运动会主场及筹备等承办成本由《创业家》黑马运动会组委会承担。

2. 每个团"众筹"资金应不少于 30 万元，其中 12 万元交付组委会奖金池，作为运动会奖金。剩余部分用作本团队运营经费。组委会将统一返回给各团指定账户。

3. "众筹"额分为 2 档。500 元，3000 元。参与众筹的人员必须是创始人，如果发现不是创始人，组委会将核实后 3 天内退款，并取消众筹人相应参与运动会的资格。

4. 每团自行运营经费需承担 28 日晚上、29 日上午及下午的各项活动的运营费用。包含场地、餐饮、会场布置、会议资料等费用。

5. 每个代表团超募（超过 30 万）的资金，转为代表团所在行业分会后续活动经费。

6. 在"众筹"说明的规则及框架下，各团自行决定"众筹"运营方法。但，收款和报名必须统一使用组委会给予的标准报名链接。

二、"众筹"爱的回报

1. 出资 500 元爱的回报为：

运动会期间的集体餐饮（28 日晚、29 日中午、29 日晚三餐）、论坛会场间集体交通费用。

2. 出资 3000 元爱的回报为：

1）黑马会会员一年会籍资格。

黑马会是中国最活跃的创始人组织，目前已有1000位各行业创业者会员。这是一个行业资源对接平台，行业趋势的交流平台。能够帮助您的机构和人都在这里，天使、VC、园区、大佬、媒体都在这里，这里有您成长所需的一切，就差您了。来吧！和老牛一起涉黑。

加入黑马会有什么好处？

Ⅰ.一个带有编号的黑马会员号。

Ⅱ.参加线上每月的黑马日——"师兄帮帮我"，几十位黑马大师兄提供最直接最便捷的答疑体验。

Ⅲ.在黑马网为您主动建立户头，我们的20位记者全雷达主动关注您公司动态。

Ⅳ.不定期线上举办"黑马私奔会"，资源对接，投融资对接，私享会，私人董事会等等。

Ⅴ.作为主人翁，参加《创业家》年度年会及部分邀约的线下活动。

Ⅵ.老牛的一次拥抱。

2）运动会期间的集体餐饮（28日晚、29日中午、29日晚三餐）、论坛会场间集体交通费用。

3）价值2000元的《创业家》杂志边栏广告机会1次。

三、竞赛奖金回报：

1.项目路演奖金回报

注：参加思想运动会项目路演赛，必须为黑马会会员，并在本次运动会众筹活动中捐款3000元以上（含3000元）。

冠军奖金1名：15万

亚军奖金1名：10万

季军奖金1名：5万

2．体育竞技奖金回报

注：本项奖金由本团团长、副团长、执委与本团团员协商后决定用途。

冠军代表团1个：36万

亚军代表团1个：20万

季军代表团1个：10万

3．奖项荣誉回报

黑马运动会优胜参赛代表团的每一位创业者都将获得相应的金银铜牌，团队则获得冠亚季军奖杯。

（注：为参加黑马运动会，所产生的个人住宿和交通及其他个性费用由个人自行承担。）

第七章

玩转众筹：未来众筹的多种玩法

金融主角：众筹将成为互联网金融的核心

互联网金融是近年来兴起的一种利用网络平台进行交易、投资、融资等金融活动的金融模式。目前，"互联网金融"尚未成为一个有着明确内涵与外延的正式概念，而是泛指各种以互联网为手段或平台并在形态结构和运作机制等方面有别于网下现实环境中的银行、保险、信托、证券等传统金融领域的新的金融现象。互联网金融并不是金融与互联网的简单结合，而是现代金融创新与科技创新的有机融合。

互联网金融的发展在于丰富我国现有的融资渠道，解决中小企业融资难的现实问题。而风口浪尖的众筹则不仅仅可以帮助中小型企业完成融资创业扩张，更是具备了其他的优势，例如利用 C2B2C，极大的促进了新产品的研发面世的产品众筹；强调社会责任而不强调收益的文化众筹等等。众筹平台作为国家鼓励创新创业活动最有力的融资方式，正在通过各种不同的尝试帮助中国的创业者们更快的完成自己的梦想。

其实，互联网金融的本质就是众筹金融。众筹与预售、团购不同，也不是很多用户曲解的单纯只是买创意甚至是买东西，众筹的核心是解决产品从无到有的问题，是使创意变为现实的过程。因此，众筹的本质是金融，而不是产品销售。

当前，互联网金融存在 P2P 与众筹两种模式。从某种意义上来说，相对于P2P 来说，众筹模式的出现，本质上就属于金融产品的创新。通过众筹这一平台可以同时衍生资金资源的开发和金融市场的拓广两项创新。同时，众筹模式由于其特殊性，在其经营运作过程中必然产生一种全新而独特的制度模式，实现金融组织和制度层面的创新。另外，众筹对于融资方的意义也不仅限于资金的筹集，更是人脉、资源和粉丝的汇集。

众筹起步较晚，但是随着互联网金融兴盛，其发展十分迅速。根据《福布

斯》杂志的数据,截至 2013 年第二季度,全球范围内的众筹融资网站已经达到 1500 多家,而国内也有一批众筹平台正在成长。资料显示,国内的众筹网站多集中在出售产品、公益活动以及出售门票等,主要为出售产品的"预售 + 团购"模式,如点名时间、追梦网、创意鼓、众筹网等,还有针对中小微企业及其项目提供创业投融资服务的股权众筹平台,如天使汇、大家投、追梦网、人人投、51 资金项目网等。至于众筹模式的平台数量,在 2013 年年底已有 16 家。

数据显示,2011 ~ 2013 年,我国互联网金融领域共发生 90 起投资事件,涉及企业 78 家,其中约有 40 家企业为天使投资或首轮融资。从时间序列来看,2013 年,我国互联网金融行业投资出现爆发式增长,相比 2012 年投资案例增长 64%。

值得注意的是,互联网巨头也看好众筹模式,甚至已经开始投入。在 2013 年"双 12"期间,淘宝上线众筹项目"淘星愿",当时林志颖发起出书的心愿,引得粉丝疯狂预购。到 2014 年 3 月,一些小名气的淘星愿改名为淘宝众筹。淘宝的"异动"让百度按捺不住了。百度金融在 2014 年 4 月推出"众筹"频道,试图从影视作品众筹入手,以"百度钱包"为枢纽,打通爱奇艺、PPS、大数据、百度糯米等强势资源,形成影视 O2O 的闭环。2014 年 7 月,京东旗下众筹业务"凑份子"正式上线,2015 年 3 月 31 日,京东又上线股权众筹,采取"领投加跟投"模式,旨在解决创新创业企业融资难的问题。几大巨头在众筹领域的前后脚布局显然有着相当大的号召力。显然,继理财、保险、P2P 之后,众筹成为了互联网金融下一个角力场。

从互联网的发展路径来看,前两年更多的是行业发展,大家都在用技术和互联网改变了金融模式。直到现在,众筹开始之后会改变企业和产业的经营、生产、发展等一系列模式。众筹的案例和成功的经验已经变成了各个产业和互联网领域相结合。未来,众筹的发展必将成为整个互联网金融的核心,也可能是对整个金融市场的重构提出一个真正的革命性的转变。

行业裂变：众筹向左，传统向右

近几年，随着移动互联网的广泛普及和应用，传统行业已不再守着自己的一亩三分地，而是积极的"触网融合"。众筹，作为互联网金融的重要模式之一，自 2011 年在中国生根发芽，其在生活领域里的生命力便不断引人刮目相看，传统行业也借此机会纷纷进行产业转型和升级。

以出版行业为例，在传统的书籍出版路径中，作者完成一本书的写作之后，书籍将交给出版社，包括电商在内的零售商，最后才来到读者的手中。在这样的出版链条里，出版方与读者之间相隔较远，对内容产品的开发也存在不利因素。传统出版业对于一本书的预测更多是靠经验以及上市之前的征订预售等动作判断，出版社在未知市场反馈之前一般会采取保守策略。出版方、作者、读者之间的联系并不紧密，渠道商、零售商较难获得用户的反馈，也缺乏与读者间的深度互动。

而这样的局面似乎可以通过众筹打破。2013 年 12 月 17 日，《清华金融评论》杂志宣布，将在发行环节采用众筹模式。由此，其也成为首家采用众筹模式发行的财经杂志。《清华金融评论》采取众筹预售的发行模式。距离最初上线时间仅 36 小时，刚刚创刊一期的《清华金融评论》已经筹得 3 万元。作为回报，用户不仅能获得杂志，还将有机会亲身参与杂志内容撰写和清华大学五道口金融学院一系列的活动。

对于出版方和大众群体，众筹是双赢的模式。出版行业采用众筹模式，不仅可以帮助出版商提前预测市场风向标，对发行量有个大致的估计，同时还可提前获得资金，帮助上线书籍做好相关营销，为书籍后续影响力的爆发提前做好铺垫。

对出资人而言，众筹给了读者一种荣誉感……他不仅仅是购买了一本书，而是帮助一本有价值的图书完成了出版发行，并推动其成为潮流，同时还可以

获得价格优惠，并有机会参与杂志主办方的各类活动。

众筹模式形成的作者与读者、出版社与消费者的互动更直接，交互性更强，用户的黏性也更强。众筹模式使出版方、平台方、读者三方合作，风险共担、利益共享，这甚至颠覆了传统电商卖书的销售模式。若众筹模式充分发达，还可实现直接把新书发给提供启动资金的读者，绕过实体书店和网络书店等中间环节，出版成本会下降，书价也会降低。在传统媒体面临转型压力之下，这种发行方式不失为一种降低出版风险的创新。

先有需求再有供给、丰富的线下路演活动、无限创意的项目内容，种种众筹元素似乎颠覆了传统出版规则，给出版行业注入了一泉清水，照射进新的曙光。

其实，不仅仅是出版行业，很多传统行业也在思考借用互联网模式尝试转型。在互联网思维模式冲击之下，众多传统产业都难逃被瓦解和超越的命运。众筹模式的产生，带来了巨大的商业蛋糕，不断点燃着中国传统行业改造、创新等各方面的激情。传统行业可依据自身优势与众筹模式嫁接做强做大，也可以借助众筹弥补自身短板增强竞争力，更可以以众筹为媒介实现跨行业转型升级。

任何通过众筹平台参与项目的人都有权对项目进行观摩、评价爆料、出资……所以传统产业链在众筹平台上将变得扁平化、透明化、众包化、资金众筹化。而选择融入众筹模式的传统产业将随之发生以下变化：信息实时透明公开，并将创意、设计、物流、营销等职能尽可能众包；广告投放更加精准，品牌的作用会被弱化，客户体验被强化；与所有参与方实时互动，主动协同，信息对称，提高了产品的生产效率，降低了成本。

众筹将传统产业彻底置于聚光灯下，每个关注的人通过大数据达成共识，参与产业的重整，人类即将进入又一次社会化大分工。

随着众筹行业的发展和法律法规的健全，众筹将成为资本市场重要的组成部分，也会成为传统行业产业链孵化的重要载体。

众筹向左，传统向右，传统产业终将因众筹而产生裂变。

路在何方：未来中国股权众筹发展之路

2015 年是互联网金融监管元年，更是股权众筹高速发展的一年。据《2015 中国股权众筹行业发展报告》显示，2015 年以来，我国股权众筹平台快速发展，仅上半年平台兴起的数量就占总平台数的 35.51%。截至 2015 年 7 月底，共有 113 家平台开展股权众筹业务，平台交易额突破 54 亿元大关。未来股权众筹市场交易总额将再创新高，同时平台间的竞争也将愈加激烈。

股权众筹一般是这样的：投资者通过出资入股公司，来换取该公司一定比例的股份，也可以说是互联网化的私募股权。现在国内众筹最普遍是合投机制，由专业投资人对某个公司进行领头，再由普通的投资客进行跟投，然后双方出席董事会，对投资项目进行投后的管理工作。

相比于传统的融资方式，股权众筹的精髓在于小额和大量，融资门槛相对于私募股权投资明显降低，这为新型创业公司的融资开辟了一条新的路径。从此，初创企业的融资渠道不再局限于银行、PE、VC 和天使基金，同时普通投资者也有机会参与到一些高成长的企业股权投资回报中。

股权众筹本质上是私募股权互联网化，通过互联网平台，股权私募的效率以及资金量将较为可观。自 2013 年国内出现第一例股权众筹案例之后，股权众筹在我国迅速发展，吸引了众多企业涉足其中，如电商企业、在线支付企业、P2P 企业等。

股权式众筹被称作真正的众筹形式，未来可能成为可以对比纳斯达克的类股权交易市场。但是目前中国股权众筹发展的最大障碍有 6 条不能逾越的法律红线，它们分别是：不向非特定对象发行股份；不向超过 200 个特定对象发行股份；不得采用广告、公开劝诱和变相公开方式发行股份；对融资方身份及项目的真实性严格履行核查义务，不得发布风险较大的项目和虚假项目；对投资方资格进行审核，告知投资风险；不得为平台本身公开募股。

目前国内的股权众筹平台有云筹、原始会、好投网、人人投、我爱创等。为了不触及法律红线，国内最著名的股权众筹平台天使汇的运作模式是由创业者向天使汇后台提交项目介绍、商业计划书和团队成员等信息，通过后台审核的项目会在天使汇的平台上披露出来，而平台另一端聚集了经过严格考察、挑选的专业投资人，他们可从中挑选出其感兴趣的项目，线下约谈创业者，并判断是否投资，创业者亦可向投资人推荐自己的项目。最终，能进入项目的投资人总数将严格受到限制。

由以上分析可以看出，中国股权众筹尚不完善，存在着一些法律风险。但是随着监管政策的不断完善和细化，市场会逐步进入有序发展阶段。但行业高度集中的属性却难以改变，因为股权众筹是资源密集型的行业，平台越大，资源越广，服务能力越强，呈现出典型的规模经济效应。就目前来看，中国股权市场正在经历"野蛮、无序生长——整顿——健康、有序发展"的"整顿"阶段。

作为一种新兴的融资方式，国外众筹网的发展迅速，众筹融资在国内的发展时间不长，很多网站都是在照搬国外的模式，如何让众筹网站在本土开花结果，还要根据国内的情况而定。作为国内众筹网最有发展前景的代表，股权融资未来该如何发展呢？

1. 落实相关法律监管制度

在互联网金融蓬勃发展，股权众筹尚处起步的阶段，需要对非法集资类犯罪重新进行考量，以适应客观经济、社会环境的变化。股权众筹在一个相对公开的平台上基于企业或项目的创办进行投融资，其募集资金的用途也是用于生产经营而非进行资本再生性投资，不应当将其纳入"非法"的范畴之中。

另外，股权众筹作为互联网金融时代下重要的金融创新形式，其发展必然离不开股权众筹投资者合法权益的保护。由于在股权众筹的融资过程中，投资者常处于信息不对称的弱势地位，需要相关的法律规制制度缩小投资者与融资者之间的差距，从而实现两方利益的均衡发展，这是现代金融的发展方向，也体现了金融效率与金融公平的内在统一。

2. 把金额做低，门槛变低

股权投资一贯是"高富帅"的专利，而股权众筹是可以面对"小白"用户的。通过股权众筹的形式，把投资人和创业者撮合起来的平台，在这个类似红娘的平台上，创业者可以获得创业资金，如果创业成功，投资人就可以获得投资回报。"人人投"的口号便是：草根天使投资放心、实体店铺融资省心的众筹平台，小的项目 2 万元就可以起投。

只有把投资门槛放低，才能吸引更多对创业投资有兴趣、对创业企业有帮助有资源的投资者。这是创业者的福音，也是"庶民"狂欢的机会。

3. 做体验，尊重小白用户

股权众筹要想得到发展，就应学习余额宝，基金投资门槛低还不够，还得做到高收益，做到风险更低，体验更棒，同时最好要有实体店投资项目。

小白用户并不容易，他们很挑剔。以余额宝为例，即便投资门槛低至 1 元起，收益率还得稳定，产品体验还要做到极限。只有尊重小白用户，用户才会埋单。余额宝的规模迅速突破了 1000 亿元，而在中国十多年基金历史上，同等规模基金从未出现。

做股权众筹，一定要充分考虑小白用户的意见，为他们挑选足够优质的企业。

4. 建立信任感

传统的天使投资需要由投资方对投资项目和团队进行全方位的考察，从团队人员的学历背景、工作经历，到项目的行业背景、市场分析，多角度辨别投资对象的优劣。股权众筹平台也会在调研阶段尽力全面地挖掘投资对象的信息，以求在不了解、不熟悉的情况下形成完善的初步判断。但是由于投资人对投资对象的陌生性，项目的融资需要建立在一定的信任基础上，而项目调研就是建立投资方对项目信任的第一步。

与项目投资者而言，其能获得的信息多来源于平台对项目的介绍，项目推介会、项目路演活动，这些间接信息无法保证投资者对项目的信心以及对创业团队信任的建立。解决投资者的信任建立问题，成为困扰股权众筹平台吸引投

资者的难点之一，长久信任的建立不仅仅依赖于项目本身，平台以往的成功融资经验，领投人的号召力等条件都成为影响信任建立的关键。

在国内，作为新型的金融模式，股权众筹从出生的第一天起就受到大家的追捧，同时也为天使投资人、VC、PE 们提供了更多的投资机会。对比美国股权众筹的发展历程，也随着国内监管部门对互联网金融的日益关注，中国股权众筹要想获得长久发展，仍面临优秀项目稀少、退出渠道缺乏、投资周期太长等难题。而这些难题所有专业股权投资机构都会面临，这是一个行业现状，突破行业现状的限制是所有从业者在市场竞争中脱颖而出的必要条件。股权众筹具备互联网基因，在吸收项目、资金和信息传播上有天然优势，但股权众筹平台如要获得更好发展，必须具备比肩专业 VC、PE 的项目筛选挖掘能力，迈向专业金融之路。

未来遐想：微筹、云筹开始崭露头角

一、微筹

移动互联网时代，使得很多行业把业务接入到手机，特别是微信支付功能的开启，给这些行业创造了更多商机，比如火热的微商城。那么如果用微信来开展众筹，是否也会引来一场狂欢？

众所周知，微信从规划之初，就是一款基于个人社交网络、以私密圈子为导向的社交产品。关系，是它研究最透的一个词。于是，由于较高的保密性和社交圈子的稳定性、精确性，用户都置身在无数个强归属感的小圈子里。在这样一个圈子里，人与人之间的信任度、兴趣匹配度、圈子契合度达到最高。这几点，无一不是众筹最关注的要素：行业相关性、兴趣的一致性、信息的真实性、项目的可跟踪性。所以，对圈子的准确把握，是微信适合众筹最核心的竞争力。

轻众筹

轻众筹是众筹网推出的一种即发即筹的众筹模式，既有传统众筹的用户体验，又具备随时随地，随心众筹的特性，有效降低了普通大众参与的门槛。"轻松筹"希望能够打通微信、微博等社交平台，用户通过搜索关注"众筹空间"公众号，在朋友圈发起众筹项目。"轻松筹"由三个元素构成：基于社交网络，面向用户生活内容的"轻松筹"；to B 的业务，为一些产品提供众筹服务，在用户允许的情况下想用户推送项目；以及回报管理系统。"轻松筹"更多希望不受限于某个特定的众筹品牌，其次，基于社交圈快速传播，可为众筹空间拓展商业众筹超出社交圈建立用户基础。2014 年 7 月 1 日，众筹网 App3.0 版本发布，在手机端内置轻众筹板块，标志轻众筹正式上线，开启了全民众筹时代。

特点：

（1）即发即筹。以往，项目发起需要经过众筹网站的多重审核，发起人在准备了优秀的文案、等待长时间的众筹周期、付出高昂的推广成本后，才有可能众筹成功。轻众筹可以在手机端即时发起，即时分享，写最简单的文案，碎片化的时间就可以发起一次众筹，分享到社交空间中。

（2）众筹轻量化，门槛降低。原本众筹网站上的筹资项目数额较大，主要是为项目融资和市场验证而准备的，轻众筹的推出给众筹赋予了人性，发起一场老友间的聚会，完成一个小而美的梦想，轻众筹 1 ~ 10000 元的限额，1 ~ 30 天的筹资时间，让众筹变得简单。无论身份、地位、职业、年龄、性别，只要有想法有创造能力都可以发起项目，1 元即可起购，无任何身份、地位等限制。

（3）好友间分享，注重社交。轻众筹有别于投资模式，追求的不再是资金收益率，而是基于自己个性化需求和兴趣定制的产品或服务，轻众筹将参与感和娱乐属性融入冷冰冰的金融产品，让过程更有趣。那些你口中没有时间去做的事，同学聚会、同事联谊、登高揽胜、徒步旅行，不经意，好友间的关系就变得如此亲密。

（4）到账更及时，方便快捷轻。众筹项目在筹资成功后，相比于传统众筹，结款程序更加流畅，款项到账更加及时，方便项目回报的执行，不再有后顾之忧，让连接更加流畅，这个周末，你就可以完成一次众筹。

二、云众筹

随着云技术、大数据等技术的进步，一些平台也动起了运用大数据系统和云服务的结合来发展众筹行业。身先士卒的"云筹"平台，未来会给我们带来什么惊喜呢？

1. 一元云筹购物

一元云筹是一家新型的一元众筹购物网站；是一种互动购物体验方式。

一元云筹以"快乐众筹，让梦想照进现实"为宗旨，力求打造一个公平公正、集娱乐与众筹一体化的新型购物网站。随着互联网的发展及网购消费模式的多样化，一元云筹立志成为互联网新时代购物网站中的佼佼者。

一元云筹将单个商品的使用权均分为以一元为单位的若干份出售，以众筹购物的方式出售手机、电脑、家电、化妆品等各式商品。

一元云筹将单个商品的使用权均分为以一元为单位的若干份出售，以众筹购物的方式出售手机、电脑、家电、化妆品等各式商品。

（1）关于云筹购物

通过一元云筹将有共同爱好的人群聚集在一起；通过云筹购物，每件商品投入1元，即可买到一份额商品的使用权，并被赠予一个"去筹码"，每件商品可多次参与，参与次数越多，获赠"云筹码"越多，获得商品概率越大，当然，也可以一次购买多个份额使用权并获赠相应多个"云筹码"；每件商品设有所需参与人数上限，只要参与人数达标，系统即会随机抽出一位"幸运云筹码"拥有者，由这位幸运者获得这件商品。每个人都有机会在投入1元的成本下获得商品。

（2）一元云筹规则

每件商品参考市场价平分成相应"等份"使用权，每份1元，同时每1份赠送相对应的1个云筹码。

同一件商品可以购买多次或一次购买多份。

当一件商品所有"等份"使用权全部售出后，按计算规则计算出"幸运云筹码"。"幸运云筹码"一经计算出，该商品的其他参与人按照约定规则视为将自己所购买到的份额使用权无偿赠予"幸运云筹码"拥有者，使"幸运云筹码"拥有者获得此商品的完整使用权。

（3）云筹码计算方式

取该商品最后购买时间前网站所有商品100条购买时间记录（限时揭晓商品取截止时间前网站所有商品100条购买时间记录）。

时间按时、分、秒、毫秒依次排列组成一组数值。

将这100组数值之和除以商品总需参与人次后取余数，余数加上10000001即为"幸运云筹码"。

（4）流程

①挑选商品：分类浏览或直接搜索商品，点击"立即一元云筹"。

②支付一元：通过在线支付平台，支付一元即购买一份额使用权，获赠一个"云筹码"。同一件商品可购买多次或一次购买多份，获赠的"云筹码"越多，获得商品的几率越大。

③揭晓获得者：当一件商品达到总参与人次，将会计算出1名商品获得者，一元云筹网会通过手机短信或邮件通知您领取商品。

④晒单分享：晒出您收到的商品实物图片甚至您的靓照，说出您的购物心得，让大家一起分享您的快乐。在您收到商品后，您只需登录网站完成晒单，并通过审核，即可获得400～1500福币奖励。在您成功晒单后，您的晒单会出现在网站"晒单分享"区，与大家分享喜悦。

2. 云筹

云筹是国内首家由专业的创业投资服务机构——创业津梁（深圳津梁创业信息咨询有限公司）创办的互联网创业投资服务平台，它不仅仅是一个中介的平台，更是创业孵化和服务、投资管理的系统化服务平台。于2014年5月上线。创业津梁是华南地区最有影响力的天使投资与创业孵化平台，服务于5000多名创业者，孵化了20多个创业项目。

"云筹"这个名字似乎将现在流行的云计算、云架构、云安全以及股权众筹集为一体。众筹是草根精神、民主意识、分享观念在高大上的股权投资领域掀起的一场运动，正在席卷科技创新、文化艺术、私人定制等众多领域；运营"云筹"平台的公司注册在深圳前海，名为"深圳前海云筹互联网金融服务有限公司"，它是创业津梁的全资子公司，能够把"互联网金融"作为公司的业务进行注册，不能不说是一个创举。

前海号称特区中的特区，金融创新可谓雨后春笋，金融布局也是如火如荼。据报道，腾讯在前海也已成立多家公司，主要是互联网金融，总注册资金约为16亿元，未来腾讯在前海的投资不会少于100亿元。平安陆金所也开始布局前海，将从 P2P 向第三方理财产品线扩大，欲开拓针对个人投资者的产品线……然而在所有入驻前海的公司中，"云筹"应该是前海第一家，乃至中国第一家以"互联网金融"作为业务内容注册的公司，打响了在前海注册"互联网金融"的第一枪！

"云筹"平台利用前海的一系列互联网金融扶持政策进行金融创新，通过云平台架构，在云端筹款，利用云端的第三方托管和安全监控，打造一个跨区域的云端众筹平台，并开展股权转让、资本托管、风险担保一系列金融衍生服务。

云筹的优势主要体现在：

1. 云筹落户深圳前海，享受互联网金融创新的政策指导与扶持；

2. 云筹把投资服务、创业孵化、筹后管理融为一体；

3. 云筹国内多家创业服务机构、天使投资机构、产业园共同联手共建，资源丰富；

4. 云筹是国内第一家推出用户注册不区别"创业者"与"投资人"角色的平台，用户可转换身份开展创业项目融资或者股权投资；

5. 云筹是国内第一家采用在线支付互联网金融行业解决方案的互联网创业投资服务平台，方便创业者和投资人支付和资金管理。

对于创业者而言，通过云筹平台成果融资后，创业者将会得到专业的创业孵化服务，在战略定位、产品设计、模式优化、市场细分、赢利模式等方面也会得到指导，创业成功的概率也会增加。对于投资人而言，由于云筹的云架构，投资人异地投资不是梦。再加上专业的投后管理、创业孵化机构，投资人投资后也会更加省心，投资风险也会降低，投资的回报也会增加。

面对天使汇、大家投、爱创业、爱合投、众筹网、好众筹……云筹能否成为互联网股权众筹平台里的新标杆，尚需时日观察。

借力而行：巧用社交网络玩转众筹

众筹成功的精髓在于发动众人，将打动一人的难度分摊到茫茫互联网用户群中，所以众筹是机遇也是挑战，更是考验一个人的社会交际能力。

在众筹的过程中，如果仅仅把精力放在搭建某众筹平台的项目页面上，即使众筹平台本身再有名气、项目描述得再图文并茂，也难免形同守株待兔。众筹网站上同时推出，项目众多，涵盖的领域也是方方面面的，极容易分散人们的注意力，这时你需要社交网络的助力，让项目的创意被更多人了解。

社交网络普及之后，让人与人之间的沟通交流变得十分简单，同时朋友圈、群的作用又可以对人的信用进行检验和监督。通过一个人的所有社交活动，完全可以窥探到他的全部，再通过社交网络这个复杂而又科学的人脉神器，你甚至可以认识全球任何一个人，这曾经是 facebook 的愿景。而社交效率和信用监督得到保证之后，也为众筹从精英层向平民的发展提供了强有力的支撑。

一、众筹的社交因素及达成

不论你的项目创意有多好，没有人会守在众筹平台上关注你的项目。虽然所有的众筹网站都会宣传新的项目，但是他们没有责任帮你大力宣传。所以，在众筹开始之前，我们就要考虑如何有效利用社交媒体营销，快速吸引观众。推广的内容要简短、有吸引力，让人们不自觉地点开链接，然后转发。

当然，社交网络的影响不只表现在信息传播上，还表现为实际交易行为中

的"跟风投资"，这一特点在互联网时代更加突出，如果一个投资项目能够在较短时间内迅速增长，马上就会有大量的跟风投资者加入。英国的股权众筹网站 Seedrs 曾做过一个数据统计，很好地说明了这个问题。

"自 2012 年 7 月成立以来，已有超过 17000 名投资人加入 Seedrs。投资者可以分为两大类：第一类是'独立投资者'（independent investors），他们来到 Seedrs，试图发现并投资潜力巨大的创业公司，他们占投资者的绝大多数；第二类投资者的规模较小，但是重要性却不可忽视，我们称之为'社交投资者（network investors）'，他们加入 Seedrs，是为了投资从朋友、家人或外部网络的某个人处获悉的特定的创业公司。"

"在创业公司通过 Seedrs 寻求资金的过程中，独立投资者的反应要强于社交投资者。独立投资者可能与创业者素未谋面，但是他们认同创业者的项目或者商业模式，因此决定以资金投资的方式加入到这些公司的创业之旅当中。相比之下，吸引社交投资者就需要做大量的工作了。创业者需要利用各种线上线下的社交工具——包括媒体、推特、脸书，花费大量的时间来说服社交投资者进行投资。（这部分属于创业者主动利用自身的熟人网络，或者其他渠道扩散消息获得的投资者，创业者需要付出额外的努力或者关系才能获得这部分人的投资）"

"对于 Seedrs 或者类似的众筹平台而言，筹资成功的秘诀在于：独立投资人如果看到项目筹资交易势头强劲，有最终完成的希望，才会考虑投资，而创造这种强劲交易势头，靠的就是社交投资者提供的首批资金。"

Seedrs 上列出的所有初创企业中，在启动资金为 0 的情况下，只有不到 15% 的公司最终达到筹款目标。换句话说，创业时没有来自社交投资者的投资，你只有不到 15% 的成功机会。

无数成功众筹案例说明，社交平台推广活动对众筹项目的成功起着重要的作用。找对社交圈推广途径，几乎不费吹灰之力就能把人们的目光吸引过来。

但如何找到适当的切入点在社交媒体上吸引人们的关注，这件事不能操之过急。要知道，在社交网络上介绍项目寻求关注和支持的过程也是他人审视你的创意能力和执行能力的过程。尽管筹款时间紧迫，也要尽量避免在工作时间段频繁发布筹资相关内容，下班后或晚饭时间登录社交网页反而更容易让人静下心来了解详情。

如今，越来越多的人对微博平台的依赖性慢慢减退，转而活跃在微信朋友圈里，打开微信朋友圈，每个人发布的原创内容渐渐被转发的大量公众平台信息所取代。而对项目发布者而言，微信既是微博推广的延续平台，又要巧妙区别两种宣传方式。

微博讲究的是时效性，人们打开微博页面，五花八门的信息夹杂着商业广告同时呈现在眼前，由自己去选择感兴趣的内容跟踪关注。而安装在手机上与微信附着在一起的朋友圈则不一样，人们打开微信或朋友圈时更期待看到的是已经过筛选且对自己有意义的信息。

因此，在微信平台推广项目时，背景故事、团队介绍和项目的发展进程部分可简洁陈述，而应着重突出该创意的实现对读者的积极意义，让已经送到眼前的信息尽可能多的获得读者的认可，赢得其对项目的支持。在介绍项目的最后，不要吝啬语言，清晰的告诉读者"如果你喜欢这篇文章，请转发到朋友圈"。

综上所述，不同的社交网络平台有着不同的推广效果及侧重点，想要充分利用社交网络把项目传播开来，不妨借鉴一下步骤：

首先，在众筹平台搭建起项目介绍页面，尽可能利用图片、音频、视频、文字等多种形式细致具体的介绍创意发起的原因和预期发展的效果；与此同时，在微信或社交网站的博客平台上再建立一个众筹网站之外的详细项目介绍页面，以避免自己的创意"迷失"在众筹系统各种各样的筹资项目中；接着，在微信或微博上发布实施进展信息，维系人们对项目的关注度和热情，在微博中还可设置链接，将人们引导到项目的详细介绍中来；最后，巧妙利用微信的强大传播效力，直接告诉目标受众投资该创意项目所带来的直接收益。

附：国内知名社交平台

一、国外社交平台

1. Facebook

Facebook 是一个社交网络服务网站，于 2004 年 2 月 4 日上线。从 2006 年 9 月到 2007 年 9 月，该网站在全美网站中的排名由第 60 名上升至第 7 名。同时，Facebook 是美国排名第一的照片分享站点，每天上载 850 万张照片。随着用户数量增加，Facebook 的目标已经指向另外一个领域：互联网搜索。

2. Twitter

Twitter 是国外的一个社交网络及微博客服务的网站。它利用无线网络、有线网络、通信技术，进行即时通信，是微博客的典型应用。它允许用户将自己的最新动态和想法以短信形式发送给手机和个性化网站群，而不仅仅是发送给个人。

3. Google

Google 是一家美国上市公司，于 1998 年 9 月 7 日以私有股份公司的形式创立，主要用来设计并管理一个互联网搜索引擎。Google 公司的总部称作"Googleplex"，位于加利福尼亚山景城。Google 创始人拉里·佩奇和谢尔盖·布林在斯坦福大学的学生宿舍内共同开发了全新的在线搜索引擎，然后迅速传播给全球的信息搜索者。目前，Google 被公认为是全球规模最大的搜索引擎，它提供了简单易用的免费服务。

4. Pinterest

Pinterest 是世界上最大的图片社交分享网站。Pinterest 允许用户创建和管理主题图片集合，例如事件、兴趣和爱好。Pinterest 是由本·西尔伯曼、保罗·夏拉和埃文夏普创建的。Pinterest 是由冷泡实验室负责管理的。Pinterest 是由一小群的企业家和发明家资助的。 Pinterest 是类似于早期的社会书签系统，如 2005 年大卫·加尔布雷思 Wists 项目。Pinterest 允许用户储存图片并进行分类。热门类别有旅游、汽车、食品、电影、幽默、家居设计、运动、时尚和艺术。

Pinterest 于 2009 年 12 月开始建设，于 2010 年 3 月推出了内测版本。

5. LinkedIn

LinkedIn 是美国一家职业社交网站。LinkedIn 于 2002 年 12 月创建，并于 2003 年 5 月 5 日在加利福尼亚州莫尼卡推出，LinkedIn 主要用于专业网络。截至 2013 年 1 月，LinkedIn 在 200 多个国家和地区拥有 2 亿多用户。LinkedIn 拥有英语、法语、德语、意大利语、葡萄牙语、西班牙语、荷兰语、瑞典语、罗马尼亚、俄罗斯、土耳其、日本、捷克、波兰、韩国、印度尼西亚、马来西亚等各国语言。据 Quantcast 报告，LinkedIn 在美国每月拥有 2140 万独立访问者，在全球每月拥有 4760 万独立访问者。2011 年 6 月，LinkedIn 拥有 3390 万独立访问者，较去年同期同比增长 63%，一举超越了 MySpace。LinkedIn 于 2011 年 1 月首次公开募股申请。

6. Tumblr

Tumblr 是全球最大的微博客平台和社交网站之一。Tumblr 拥有者和经营者为 Tumblr, Inc。Tumblr 允许用户发布多媒体和短形式的博客内容。截至 2013 年 4 月 13 日，Tumblr 拥有超过 1.02 亿个博客。Tumblr 总部位于美国纽约市曼哈顿中城。截至 2013 年 4 月，Tumblr 拥有 165 名员工。Tumblr 的发展是在 2006 年，卡普在一段时间一直对 tumblelogs（短形式的博客）感兴趣。在一年的等待后，Karp 和开发者马可·阿蒙特开始创建 tumblelogging 平台。Tumblr 于 2007 年 2 月推出，并在两个星期内，Tumblr 就获得了 7.5 万个用户。

7. Instagram

Instagram 是一个提供在线照片共享、视频共享和社交网络服务的应用程序，该程序允许用户拍摄照片和视频并把它们分享在各种社交网络，如：Facebook、微博、QQ 空间分享和 Flickr 分享。该程序显著特点是它限制正方形的形状照片，并采用类似柯达傻瓜相机和宝丽来影像，而相比之下，16：9 宽高是现在通常使用的移动设备相机比率模式。用户还能够记录和分享历时长达 15 秒短片。Instagram 是由 Kevin Systrom 和 Mike Krieger 在 2010 年 10 月创建并推出。该程

序服务迅速得到普及，到 2012 年 4 月网站拥有 1 亿活跃用户。Instagram 应用程序可以通过苹果 App Store、谷歌游戏和 Windows Phone 商店下载到。

8. VK

VK 是欧洲第二大社交网站，该网站浏览量仅次于 Facebook 后。网站里拥有几种语言选项，在世界各地讲俄语的用户特别受欢迎，尤其是在：俄罗斯、乌克兰、阿塞拜疆、哈萨克斯坦、摩尔多瓦、白俄罗斯、以色列。像其他的社交网络那样，该网站允许用户留言，联系方式公开或私密，创建组，公共页面和活动，分享和标记图像，音频和视频与基于浏览器的游戏。截至 2014 年 1 月，VK 至少拥有 2.39 亿用户。截至 2013 年 11 月 25 日，VK 在 Alexa 排名是第 23位。它是俄罗斯访问量第二大的网站，仅次于 Yandex。根据 eBizMBA 排名数据，它是世界第八大最流行的社交网站。截至 2014 年 1 月，该网站平均每日拥有 55万人次的用户。

9. Flickr

Flickr 是一个图片存储和视频托管网站。在 2004 年，Ludicorp 公司建立了一个 Web 服务套件和在线社区（Flickr 前身），雅虎于 2005 年收购 Flickr。Flickr 除了供用户储存个人照片，还可以把图片分享到博客和社交媒体。据雅虎报道，在 2011 年 6 月，Flickr 共拥有 51 万注册会员和 80 万独立访问者。据 2011 年 8 月 Flickr 报告，Flickr 存储了超过 6 亿的图片，并且这个数字还在稳步增长。

10. 聚友网 MySpace

聚友网（MySpace）是一个以音乐为重心的社交网络服务网站。聚友网拥有者为 Specific Media LLC。聚友网于 2003 年 8 月推出，聚友网总部位于加州比佛利山庄。在 2012 年 6 月，聚友网拥有 2500 万独立访问者。2005 年 7 月，聚友网被新闻集团以 5.8 亿美元收购。从 2005 年到 2008 年初，MySpace 是世界上浏览量最大的社交网站，并在 2006 年 6 月超越谷歌成为了美国访问量最大的网站。

二、国内社交平台

1．QQ空间

QQ空间是腾讯公司于2005年开发出来的一个个性空间，具有博客的功能，自问世以来受到众多人的喜爱。

在QQ空间上可以书写日记，上传自己的图片，听音乐，写心情，通过多种方式展现自己。除此之外，用户还可以根据自己的喜爱设定空间背景、小挂件等，使每个空间都体现出自己的特色。

当然，QQ空间还为精通网页的用户提供了高级的功能：可以通过编写各种各样的代码来打造自己的空间。

2．人人网

2009年8月4日，千橡集团将旗下著名的校内网更名为人人网，社会上所有人都可以来到这里，从而跨出了校园内部这个范围。

人人网是为整个中国互联网用户提供服务的社交网站，给不同身份的人提供了一个互动交流平台，不仅提高了用户之间的交流效率；还通过提供发布日志、保存相册、音乐视频等站内外资源分享等功能搭建了一个功能丰富高效的用户交流互动平台。

2011年5月4日，人人网在美国纽交所上市。同年9月27日，人人网宣布以8000万美元全资收购视频网站56网。

3．开心网

北京开心人信息技术有限公司创办于2008年3月，是国内第一家以办公室白领用户群体为主的社交网站。

开心网为广大用户提供包括日记、相册、动态记录、转帖、社交游戏在内的丰富易用的社交工具，使其与家人、朋友、同学、同事在轻松互动中保持更加紧密的联系。

成立以来，网站注册用户已达上亿，已发展成为中国最领先和最具影响力的实名化社交网站。

4．腾讯微博

腾讯微博是一个由腾讯推出，提供微型博客服务的类推特网站，有"私信"功能，支持网页、客户端、手机平台腾讯微博登录界面，支持对话和转播，并具备图片上传和视频分享等功能；还支持简体中文、繁体中文和英语。

在"转播"设计上，转发内容独立限制在 140 字以内，采取了类似与推特一样的回复类型，这与大多数国内微博相同。此外，腾讯微博更加鼓励用户自建话题，在用户搜索上可以直接对账号进行查询。

5．新浪微博

新浪微博是由新浪网推出的，主要为用户提供微型博客服务。新浪微博用户可以通过网页、手机客户端发布消息或上传图片；可以将看到的、听到的、想到的事情写成一句话，或发一张图片，通过电脑或者手机随时随地分享给朋友；还可以即时看到朋友们发布的信息。

截至 2014 年 3 月，新浪微博月活跃用户已经达到 1.438 亿，日活跃用户为 6660 万。

6．微信

2011 年 1 月 21 日，腾讯公司推出了微信。这是一款为智能终端提供即时通信服务的免费应用程序，支持跨通信运营商、跨操作系统平台通过网络快速发送免费语音短信、视频、图片和文字；同时，也可以共享社交插件"摇一摇""漂流瓶""朋友圈""公众平台""语音记事本"等。

微信提供了公众平台、朋友圈、消息推送等功能，用户可以通过"摇一摇""搜索号码""附近的人"及扫二维码等方式添加好友和关注公众平台；同时，还可以通过微信将内容分享给好友以及微信朋友圈。截至 2013 年 11 月，微信注册用户量已经突破 6 亿，成为亚洲地区拥有最大用户群体的移动即时通信软件。

7．易信

易信是由网易和中国电信联合开发的即时通信软件，能够实现真正免费聊天。易信支持跨通信运营商、跨手机操作系统平台，可以通过手机通讯录向联系人免费拨打电话以及发送免费短信，向手机或固定电话发送电话留言；同时，也可以向好友发送语音、视频、图片、表情和文字。

8．豆瓣

豆瓣（douban）是一个社区网站，创立于 2005 年 3 月 6 日。该网站以书影音起家，提供关于书籍、电影、音乐等作品的信息，无论描述还是评论都由用户提供（User-generated content，UGC），是 Web 2.0 网站中具有特色的一个网站。网站还提供书影音推荐、线下同城活动、小组话题交流等多种服务功能，它更像一个集品味系统（读书、电影、音乐）、表达系统（我读、我看、我听）和交流系统（同城、小组、友邻）于一体的创新网络服务，一直致力于帮助都市人群发现生活中有用的事物。2012 年 8 月，豆瓣宣布其月度覆盖独立用户数（Unique Visitors）已超过 1 亿，日均 PV 为 1.6 亿。2013 年第二、三季度的豆瓣月度覆盖独立用户数均达 2 亿，较去年同期增长一倍。

附录

《JOBS 法案》

第一章　向新兴成长公司重新开放美国资本市场

条款 101 定义

a. 美国《1933 年证券法》——对《1933 年证券法》（法典编号：15U.S.C.77b（a））第 2（a）条款予以修订，在其结尾处增加：

"（19）'新兴成长公司'（emerging growth company）是指最近一次完整会计年度年收入总额不足 10 亿美元的发行人（该金额由委员会每五年依据通胀率进行调整，以反映美国劳工统计局公布的所有城市居民消费者消费价格指数变化，数值以百万为单位取整）。发行人被认定为"新兴成长公司"的，效力始于该会计年度的第一日，直至出现下列情况中任何一种为止：

（A）在该会计年度的最后一日，发行人总收入额达到或超过 10 亿美元的（该金额由委员会每五年依据通胀率进行调整，以反映美国劳工统计局公布的所有城市居民消费者消费价格指数变化，数值以百万为单位取整）；

（B）发行人在本章规定下根据有效的招股说明书首次发行普通股满五年的，第五周年后的该会计年度的最后一日；

（C）该发行人在过去三年间已累计发行不可转换债超过 10 亿美元；

（D）该发行人已满足《联邦法规典集》第 17 章第 240.12b-2 条款或任何后续修订条款所规定的'大型快速申报企业（Large Accelerate Filer）'的条件。"

b. 美国《1934 年证券交易法》——对《1934 年证券交易法》第 3（a）条款（法典编号：15U.S.C.78c（a））修订如下：

（1）加入《2010 年投资者保护与证券改革法》第 941（a）条款（编号：PublicLaw111-203,124Stat.1890），将原第 77 段文字改为第 79 段；

（2）在该条款后增加：

"（80）新兴成长公司 ——'新兴成长公司'（emerging growth company）是指最近一次完整会计年度年收入总额不足 10 亿美元的发行人（该金额由委员会每五年依据通胀率进行调整，以反映美国劳工统计局公布的所有

城市居民消费者消费价格指数变化，数值以百万为单位取整）。发行人被确认为"新兴成长公司"始于该会计年度的第一日，其后仍有效，直至出现下列情况中的任何一种为止：

（A）在该会计年度的最后一日，发行人总收入额达到或超过10亿美元的（该金额由委员会每五年依据通胀率进行调整，以反映美国劳工统计局公布的所有城市居民消费者消费价格指数变化，数值以百万为单位取整）；

（B）发行人在本章规定下根据有效的招股说明书首次发行普通股满五年的，第五周年后的该会计年度的最后一日；

（C）该发行人在过去三年间已累计发行不可转换债超过10亿美元；

（D）该发行人已满足《联邦法规典集》第17章第240.12b-2条款或任何后续修订条款所规定的'大型快速申报企业（LargeAccelerateFiler）'的条件。"

c. 其他定义——本章中出现的以下名词，适用如下定义：

（1）"委员会（COMMISSION）"——美国证券交易委员会；

（2）"首次公开发行日期（initial public offering date）"——是指发行人根据《1933年证券法》规定的有效注册招股说明书，首次公开出售普通股的日期。

d. 生效日期——尽管《1933年证券法》第2（a）条款第19段和《1934年证券交易法》第3（a）条款第80段作出上述规定，但如果发行人在2011年12月8日当日或者之前，已经根据美国《1933年证券法》规定的有效注册招股说明书首次发行了普通股，则该发行人不能被认定为"新兴成长公司"。

条款 102 披露义务

a. 高管薪酬

1. 豁免——对《1934年证券交易法》第14A（e）条款（法典编号：15U.S.C.78n-1（e））修订如下：

（A）删除"委员会可以"，插入：

"（1）一般规定。——委员会可以"；

（B）删除"发行人"，插入"任何其他发行人"；

（C）在该条款结尾处增加：

"（2）新兴成长公司的特殊待遇——

（A）一般规定。——新兴成长公司应当免受第（a）和（b）分条款要求的约束。

（B）新兴成长公司特殊待遇期满后的合规要求——曾被认定为'新兴成长公司'但不再具有'新兴成长公司'资格的发行人，应当包括第（a）（1）分条款的第一单项所规定的第一份独立决议，且不晚于：

（i）如果该发行人根据美国《1933 年证券法》规定的有效招股说明书首次发行普通股之日后维持新兴成长公司认定资格不到两年的，则三年期间从发行之日起算：

（ii）对于其他发行人，一年期间从该发行人失去新兴成长公司认定资格之日起算。"

2. 投票权代理——在《1934 年证券交易法》第 14 款（i）条款（法典编号：15U.S.C.78n（i））在"包括"后增加"对任何非新兴成长公司的发行人"。

3. 薪酬披露——在《2010 年投资者保护与证券改革法》第 953（b）（1）条款（法典编号：Public Law111-203；124Stat.1904）"要求各发行人"之后增加"，非新兴成长公司，定义参照《1934 年证券交易法》第 3（a）条款"。

b. 财务披露与会计报告

1. 《1933 年证券法》——《1933 年证券法》第 7（a）条款（法典编号：15U.S.C.77g（a））修订如下：

A. 删除"（a）注册"，增加：

"（a）招股说明书的信息要求——

1. 一般规定。——注册"；

B. 在该条款结尾处增加：

"（2）新兴成长公司的特殊待遇——新兴成长公司

（A）在向委员会申请首次公开发行普通股时所提交的招股说明书和其他

向委员会上交的文件中，无需提交两年以上经审计的财务报告；对于与首次公开发行相关的最早审计期之前的任何时期，新兴成长公司无需按照《联邦法规典集》第 17 章第 229.301 条款的规定提供特定财务数据；

（B）可以不遵守新制定或修订的财务会计准则的要求，除非该新制定或者修订的准则明确要求非发行人（《2002 年萨班斯－奥克斯利法案》第 2（a）条款所定义的）也必须遵守适用。"

2.《1934 年证券交易法》——在《1934 年证券交易法》第 13（a）条款（法典编号：15U.S.C.78m（a））结尾处增加：

"在向委员会提交的任何招股说明书、定期报告及其他文件中，对于根据本法或《1933 年证券法》规定的首次招股说明书相关的最早审计期之前的任何时期，新兴成长公司无需按照《联邦法规典集》第 17 章第 229.301 条款的规定提供特定的财务数据；对于此类注册申请书或报告，新兴成长公司可以不遵守任何新制定或修订的财务会计准则，除非该新制定或者修订的准则明确要求非发行人（《2002 年萨班斯－奥克斯利法案》第 2（a）条款所定义的）也必须遵守适用。"

c. 其他信息披露

新兴成长公司可以按照《联邦法规典集》第 17 章第 229.303（a）条款及其后续修订条款的规定，对《1933 年证券法》第 7（a）条款（法典编号：15U.S.C.77g（a））规定的每段期间提供相应信息。新兴成长公司可以按照《联邦法规典集》第 17 章第 229.402 条款及其后续修订条款的规定，披露与其他任何（已发行不超过 7500 万美元、由非关联方持有的、有表决权及无表决权的普通股）发行人同样的信息。

条款 103 内部控制审计

在《2002 年萨班斯－奥克斯利法案》第 404（b）条款（编号：15U.S.C.7262（b））"应证明"前插入"，除了被认定为新兴成长公司的发行人（依据 1934 年证券交易法第 3 条款定义）"。

条款 104 审计准则

在《2002 年萨班斯－奥克斯利法案》第 103（a）（3）条款（法典编号：15U.S.C.7213（a）（3））结尾处增加：

"（C）新兴成长公司的过渡期——美国公众公司会计监督委员会要求对会计师事务所实施强制轮换或对审计报告进行增补、会计师须对发行人的审计和财务报告提供额外信息（会计师讨论与分析）的规定，不适用于《1934 年证券交易法》第 3 条款所定义的新兴成长公司。会计监督委员会在本分段内容生效后采取的任何其他附加规定也不适用于任何新兴成长公司的审计，除非证券交易委员会出于投资者保护和提升效率、竞争与集资的考虑，认为采用此类附加规定对于公众利益是必要、合理的。"

条款 105 新兴成长公司的信息提供

a.研究信息——在《1933 年证券法》第 2(a)(3)条款(法典编号: 15U.S.C.77b（a）（3））结尾处增加如下内容：

"对于根据准备提交、已经提交或已经生效的招股说明书计划公开发行普通股证券的新兴成长公司，证券经纪商或自营商对其研究报告的出版或发行，按照本分条款下第（10）段落和第 5（c）条款的规定，不构成公开发售的要约或证券出售要约，即使该经纪商或自营商参与或将参与该发行人的证券发行。本段中所提及的'研究报告'是指书面、电子或口头形式的、与发行人证券有关的信息、观点或意见，或者与发行人或证券有关的分析，无论该信息是否足以为投资决策提供依据。"

b.证券分析交流

对《1934 年证券交易法》第 15D 条款（法典编号: 15U.S.C.78o-6）修订如下：

（1）将第"（c）"分条款的序号改为"（d）"；

（2）在第（b）分条款后增加：

"（c）限制——虽然第（a）分条款或任何其他条款有明文规定，但是证券交易委员会和其他任何根据《1934 年证券交易法》第 15A 条款登记注册的全

国性证券业协会，针对新兴成长公司的普通股首次公开发行，都不可以采取或维持以下任何限制或规定：

（1）限制证券经纪商、自营商的相关人员，或国家级证券业协会的成员或者类似功能人员，安排证券分析师与潜在投资者之间的交流；

（2）限制证券分析师，在有其他证券经纪商、自营商的相关人员，或者国家级证券业协会的成员（其职能非证券分析师）参与的情况下，与新兴成长公司的管理层进行交流。"

c. 扩展许可的交流

对《1933 年证券法》第 5 条款（法典编号：15U.S.C.77e）修订如下：

（1）将第"（d）"分条款的序号改为"（e）"；

（2）在第（c）分条款之后增加：

"（d）限制——虽然有本条款其他规定的限制，但新兴成长公司或者任何被授权代表新兴成长公司的个人可以以口头或书面形式与潜在投资者，即《联邦法规典集》第 17 章第 230.144A 条款和第 230.501（a）条款（或任何修订条款）分别定义的合格机构买家（qualifiedinstitutionalbuyers）或者获许机构（accreditedinvestors），进行交流，从而确定该投资者是否对证券发行计划感兴趣，交流的时间可以在该公司向证券交易委员会提交招股说明书之前或之后，但须符合第（b）（2）分条款的要求。"

d. 发行后交流

证券交易委员会或任何其他根据《1934 年证券交易法》第 15A 条款注册的全国性证券业协会，不得在以下期间内采取或维持任何规则或规章，限制任何证券经纪商、自营商或者全国性证券业协会成员单位出版、发行或发表有关新兴成长公司所发行证券的研究报告：

（1）在新兴成长企业首次公开发行之日后的任何规定时期内；

（2）在任何证券经纪商、自营商或者国家级证券业协会成员单位与新兴成长公司或其股东签订的限制或禁止新兴成长公司或其股东在首次公开发行之日后出售其所持股票的协议到期之前的任何规定时期内。

条款 106 其他事宜

a. 招股说明书草稿

在《1933 年证券法》第 6 条款（法典编号：15U.S.C.77f）结尾处增加：

"（e）新兴成长公司

1. 概述——任何新兴成长公司在首次公开发行之日前，可以秘密地向证券交易委员会提交一份招股说明书的草稿，由委员会成员在公开申报前对申请书进行非公开的秘密审查，前提是发行人须在不晚于路演前 21 日向证监会公开提交正式招股说明书及一切修订内容，路演的定义见《联邦法规典集》第 17 章第 230.433（h）（4）条款或任何修订条款。

2. 保密条款——尽管本章另有其他规定，不得强制证券交易委员会披露根据本分条款所提供或获得的信息。根据《联邦法规典集》第 5 章第 552 条款，该分条款应视为第 552 条款第（b）（3）（B）分条款所列的规定。根据该分条款描述或所获得的信息应构成《1934 年证券交易法》第 23（b）（2）条款所规定的机密信息。"

b. 最小报价单位——在《1934 年证券交易法》第 11A（c）条款（法典编号：15U.S.C.78k-1（c））结尾处增加：

"（6）最小报价单位

（A）研究与报告——美国证券交易和报价的最小变动单位由 1/16 美元或者 1/32 美元，调低到 1 美分，即 10 进制小数。证券交易委员会应对此展开研究，研究应关注实行十进制报价实施前后对首次公开发行数量的影响。另外，研究还应关注十进制报价对中小资金规模企业的资产流动性影响，以及十进制报价是否促进交易活动并对经济产生充分的刺激。本条实施生效后 90 日内，证券交易委员会应向国会提交一份关于该项研究的报告。

（B）指定报价单位——如果证券交易委员会确定的新兴成长公司的证券报价和交易所使用的最小变动单位高于 0.01 美元，那么证券交易委员会应在本条

实施生效后180日内,按照规定确定新兴成长公司证券的报价和交易最小单位(在0.01-0.10美元区间),该报价单位将适用于任何证券交易所及其他交易场所的证券报价与交易。"

条款107 新兴成长公司的选择权

a. 概述

关于本章或本章修订版规定的新兴成长公司所享有的豁免权,新兴成长公司可以选择放弃豁免权,而遵守对一般证券发行人(非新兴成长公司)应履行的要求。

b. 特殊规则

虽然第(a)分条款有明文规定,但是关于《1933年证券法》第7(a)(2)(B)条款和《1934年证券交易法》第13(a)条款规定的财务会计准则(即本法案第102(b)条款增加的内容)的遵守时限,如果新兴成长公司选择按照对非新兴成长公司的要求遵守该财务会计准则,那么新兴成长公司可采取下列行为中的任何一种:

1. 必须在首次被要求向证监会提交招股说明书、定期报告及其他报告(依照《1934年证券交易法》第13条款规定)时做出选择,并将该选择告知证券交易委员会;

2. 须按照对非新兴成长公司的要求同样遵守所有准则,不得选择按照该方式仅遵守部分准则但不遵守其他;

3. 在符合新兴成长公司条件的期间,必须按照对非新兴成长公司的要求持续遵守财务会计准则。

条款108《S-K规则》评估

a. 评估

委员会应对《S-K规则》(法典编号:17CFR229.10etseq.)进行评估,从而:

1. 综合分析《S-K规则》现行的注册要求;

2. 确定这些注册要求如何更新和现代化,从而简化注册流程,降低新兴成

长公司在上市发行过程中所承担的成本，并减轻其他上市负担。

b. 报告

在本章生效后180日内，委员会应向国会提交一份关于第（a）分条款所要求评估的报告。该报告应包括委员会关于改善注册上市流程的建议，帮助提升效率，减轻证监会和新兴成长公司上市发行负担。

第二章　创业企业的资本筹集

条款201 豁免修改

a. 规则修改

1. 本法案实施生效后90日内，证券交易委员会应对其依据《联邦法规典集》第17章第230.502（c）条款发布的规则进行修改，规定依据该条对于"一般性劝诱或广告的禁止"不适用于第230.506条款中规定的证券要约和销售，前提是所有证券销售方均为合格投资者。该规定应要求发行人通过适当的方式证实证券购买方为获许投资者（accreditedinvestors）。该规则应要求发行人必须采用合理方式证实证券购买人为获许投资者，具体证实方式由委员会规定。《联邦法规典集》第17章第230.506条款按照本条款进行修订后，应仍然视为《1933年证券法》第4（2）条款（法典编号：15U.S.C.77d（2））下的规定。

2. 本法案实施生效后90日内，证券交易委员会应对《联邦法规典集》第17章第230.506条款中的规则进行修订，从而规定根据修订后的豁免所销售的证券，还可向合格机构买家（qualifiedinstitutionalbuyers）之外的人出售，如果证券发行人以及其代表可以证实证券的购买方为合格机构买家，还可以通过一般性劝诱或广告行为销售其证券。

b. 解释一致性

对《1933年证券法》第4条款（法典编号：15U.S.C.77d）予如下修改：

1. 将"第5条款的规定"修改为"（a）第5条款的规定"；

2. 在该条款结尾处增加：

"（b）《联邦法规典集》第 17 章第 230.506 条款（按照《JOBS 法案》第 201 条款修订后）所豁免的证券要约或者销售，不因为采用了一般性劝诱或广告行为，而被视为联邦证券法律所规定的公开发行。"

c. 对豁免的解释

对《1933 年证券法》第 4 条款（法典编号：15U.S.C.77d）修订如下：

1. 将"第 5 条款的规定"修改为"（a）第 5 条款的规定"；

2. 在该条款结尾处增加：

"（b）（1）关于根据本法案《D 条例》《规则 506》所进行的证券发行与销售，满足第（2）段落所规定条件的任何个人不得仅仅因为下列原因，而被要求按照本章第 15（a）（1）条款注册为证券经纪公司或经销公司：

（A）该人提供了平台或机制允许证券或关于证券的发行、销售、购买或洽谈，或允许证券发行人通过网络、面谈及其他方式运用一般劝诱、广告或类似行为进行证券发行与销售；

（B）该个人或与该个人相关联的其他个人参与该证券的联合投资；

（C）该个人或与该个人相关联的其他个人提供关于该证券的辅助性服务。

（2）第（1）段落中所规定的豁免权适用于本段所描述的任何个人，只要：

（A）该个人以及该个人相关联的其他个人未从该证券交易中获得相关报酬；

（B）该个人以及该个人相关联的其他个人未持有与该证券买卖相关联的客户基金或证券；以及

（C）该个人或其关联人等不属于本章第 3（a）（39）条款所规定的法定市场禁入者（statutorydisqualification）。

（3）根据本分条款的目的，术语'辅助性服务（ancillary services）'是指：

（A）提供关于该证券的发行、销售、购买或洽谈的尽职调查服务，但是服务不包括向证券发行人或投资者提供的投资意见或者建议，并对此类服务进行单独收费。

（B）向证券发行人和投资者提供标准化文件，只要该个人或者实体未代表第三方洽谈发行条款，并且证券发行人未被要求使用标准化文件作为使用服务的条件。"

第三章　众筹

条款 301 简称

本章可以简称为《2012 年在线集资及防止欺诈和不道德隐藏法案》或《众筹法案》。

条款 302 众筹豁免

a.《1933 年证券法》

在《1933 年证券法》第 4 条款（法典编号：15U.S.C.77d）结尾处增加：

"（6）涉及证券发行人（包括所有由该发行人直接控制或共同控制的实体）证券发行或出售的交易，前提条件如下：

（A）发行人出售给所有投资人的总额应不超过 100 万美元，包括该交易发生前 12 个月内依照本豁免规定累计出售的所有金额。

（B）发行人出售给任一投资者的总额，包括该交易发生前 12 个月内依照本豁免规定累计出售的所有金额，应不超过：

（ⅰ）2000 美元，或该投资者年收入或资产净值的 5%，两项中的较大值，如果该投资者年收入或资产净值不超过 10 万美元；并且

（ⅱ）该投资者年收入或资产净值的 10%，最多不超过 10 万美元，如果该投资者年收入或资产净值达到或超过 10 万美元；

（C）该交易通过符合第 4A（a）条款要求的证券经纪商或集资门户进行；并且

（D）该发行人符合第 4A（b）条款的要求。"

b. 众筹豁免的资格要求

在《1933 年证券法》第 4 条款（法典编号：15U.S.C.77d）结尾处增加：

"条款 4A 关于特定小额交易的要求

（a）对中介的要求——在证券发行或销售的交易中，按照第 4（6）条款的规定为他人担任中介的，应当：

（1）在证券交易委员会登记注册为：

A. 经纪商；或

B. 集资门户（定义见《1934 年证券交易法》第 3（a）（80）条款）；

（2）在任何相关自律组织（定义见《1934 年证券交易法》第 3（a）（26）条款）登记注册；

（3）按照委员会制定的规则规定，提供包括与投资风险和其他投资者教育材料相关的信息披露；

（4）确保每位投资者：

A. 审阅了投资者教育的相关信息，按照委员会规定的方式；

B. 积极确认投资者已经了解存在损失整个投资的风险，并且投资者能够承担这一损失；并且

C. 通过回答问题，表明投资者：

（i）了解初创企业、新兴企业及小型证券发行人的一般风险等级；

（ii）了解流动性不足的风险；并且

（iii）了解委员会规则认为适当的其他相关事项；

（5）按照委员会制定的规则采取措施，降低交易的欺诈风险，包括对销售证券的发行人的所有高管、董事或任何拥有超过 20% 已发行股票的股东的背景及其证券执法监管历史进行核查；

（6）在向任何投资者出售证券之日前至少 21 日（或委员会规定的其他期间），向委员会和潜在投资者提供第（b）分条款所规定的任何信息；

（7）确保只有当筹集的资金总额达到或超过目标发行总额时，发行收益才能属于发行人，并允许所有投资者可以撤销其出资承诺，委员会应当制定规则确定适当方式；

（8）根据委员会按照规则确定的合适方式，努力确保任何投资者在 12 个月内向按照第 4（6）条向所有发行人购买的股票总额，不超过第 4（6）（B）条款规定的投资限额；

（9）按照委员会规则确定的适当方式，对所收集的投资者信息保密；

（10）不得向为经纪商或集资门户提供任何潜在投资者个人识别信息的发起人、搜索人或者领头人（leadgenerators）支付报酬；

（11）禁止经纪商或集资门户的董事、高管或合伙人（或任何具有相似职位或履行相似职能的人）在使用其服务的发行人处拥有经济权益；

（12）满足委员会为保护投资者和公众利益的要求而规定的其他条件。

（b）对证券发行人的要求——按照第 4（6）条款的规定，发行或销售证券的发行人应当：

（1）向证券交易委员会申报、向投资者和相关经纪商或集资门户提供、并使潜在投资人了解如下信息：

（A）证券发行人的名称、法律身份、地理位置和网站地址；

（B）董事和高管（及任何具有相似职位或履行相似职能的人）以及任何拥有超过 20% 股权的股东姓名；

（C）证券发行人的业务介绍和未来商业计划；

（D）证券发行人的财务状况介绍，当证券发行以及包括之前 12 个月内按照第 4（6）条款规定进行的其他证券发行的发行总额为：

（i）10 万美元或以下的，提供：

（Ⅰ）发行人最近一次完整年度（若有）的所得税申报表；以及

（Ⅱ）经发行人的主要行政人员确认真实性和完整性的发行人财务报告；

（ii）超过 10 万美元，但不超过 50 万美元的，提供经独立于发行人的公共会计师按照委员会规则设立的专业标准和程序审核的财务报表；并且

（iii）超过 50 万美元的（或委员会按照规则确定的其他额度），提供经审计的财务报表；

（E）针对目标发行额，证券发行人对发行收益的目的和使用规划的明确介绍；

（F）目标发行额、目标发行额截止日期，以及发行人集资目标进展情况的定期更新；

（G）向公众发行证券的价格或定价方法，并且在发售前应向每位投资者以书面形式提供最终价格和所有应披露的信息，确保其拥有撤销购买证券承诺的合理机会；

（H）对发行人的所有权和资本结构的介绍，包括：

（i）发行人此次发行证券的条件和该发行人其他类型证券的条件，包括这些条件的修改方式，以及对各类型证券之间区别的总结，包括所发行的证券可能受到怎样的权利限制、稀释或受到该发行人其他类型证券的权利限制；

（ii）描述发行人主要股东的权利行使如何会对本次证券购买者产生负面影响；

（iii）持有发行人任何类型的证券超过 20% 的股东姓名和所有权等级；

（iv）本次发行证券的估价方法，以及将来及后续企业经营过程中，发行人对该证券可能采用的估价方法的示例；以及

（v）购买者买入发行人少数股权所承担的风险、与企业行为有关的风险，包括增发股份、发行人或发行人资产被出售，或者与关联人的交易；并且

（1）为保护投资者和公众利益，委员会规则规定的其他信息；

（2）除指引投资者至集资门户和经纪商的告示外，不得对发行条件进行广告宣传；

（3）不得直接或间接地向任何通过经纪商或集资门户提供的交流渠道对证券发行进行推广的个人提供报酬或承诺提供报酬，除非该个人按照证券交易委员会的规则要求，明确披露每次推广性交流已经获得的或预期获得报酬的情况；

（4）至少每年一次向证券交易委员会申报，并根据证券交易委员会按照规则确定的合适方式，向投资者提供发行人的经营及财务报表报告，并遵守证券

交易委员会规定的除外情况和截止日期；以及

（5）遵守证券交易委员会规定的保护投资者和公众利益的其他此类规则。

（c）重大信息虚假和遗漏的法律责任

（1）授权行为

A. 一般规定——按照第（2）段落，在第4（6）条款规定豁免的交易中购买证券的个人，可以在任何有管辖权的法院对第（2）段落中所述证券发行人依普通法或衡平法提起诉讼，退回该证券，以追回因购买该证券所支付的对价和相应利息（扣除持有该证券时所获得的任何收入），或者，在该个人不再持有证券的情况下诉请损害赔偿。

B. 责任——根据本段规定提起的诉讼，应符合第12（b）条款和第13条款的规定，并视作等同于第12（a）（2）条款规定的责任；

（2）适用范围

发行人应对第（1）段落中所述诉讼负有责任，如果该发行人：

（A）在第4（6）条款规定的拥有豁免权的证券发行或销售交易中，通过州际商务或信件中任何交通或通讯手段或工具，以任何书面或口头交流形式，对重大事实作出了不实陈述或者遗漏了要求披露的重大事实，或根据陈述时的具体情况，遗漏了为避免误导而本应陈述的某一重大事实，且购买人对该不实陈述或漏报不知情；并且

（B）不能举证证明该发行人确实不知晓，以及在尽到合理注意义务后仍然不知晓该不实陈述或遗漏的。

（3）定义

在本分条款中，"发行人"包括按照第4（6）条款的豁免规定发行或销售证券的发行人的任何董事或合伙人、行政、财务和会计主管（及任何具有相似职位或履行相似职能的人），以及任何在此类交易中发行或销售证券的个人。

（d）各州可获得的信息

委员会应当或使相关经纪商或集资门户，向美国所有州、领土及哥伦比亚

特区的证券委员会（或任何具有相似职能的机构或部门），提供第（b）分条款中规定的信息，以及证券交易委员会按照规则确定的此类其他信息。

（e）证券销售限制

按照第4（6）条款规定的交易中所发行的证券：

（1）自购买之日起一年内，购买者不得转让证券，除非证券转让满足如下情况：

（A）转让给该证券的发行人；

（B）转让给获许投资者；

（C）作为已在证券交易委员会注册的上市发行的一部分；或者

（D）转让给购买者的家庭成员及其他等同身份的人，或者与购买者死亡或离婚或由委员会自行确定的其他相似情况有关的人；并且

（2）应遵从委员会按照规则确定的其他限制：

（f）适用性

第4（6）条款的规定不适用涉及以下发行人的证券发行或销售交易：

（1）非按照美国州、领土或哥伦比亚特区法律组建的证券发行人；

（2）按照《1934年证券交易法》第13分条款或15（d）条款的要求应当提交报告的发行人；

（3）《1940年投资公司法》第3条款规定的投资公司，或者该法第3（b）条款或第3（c）条款所排除的投资公司；或

（4）由委员会另行制定规则确定。

（g）解释规则

本条款和第4（6）条款中任何内容不应视为，禁止发行人按照第4（6）条款规定以外的方法筹集资金。

（h）特定计算：

1. 美元金额——第4（6）条款及其第（b）分条款中美元金额应最少每5年由委员会调整一次，并公布于《联邦公报》上，以反映劳工统计局发布的城

市消费者物价指数发生的变动；

2. 收入和净资产——第 4（6）（B）条款规定的每位自然人的收入和净资产，应按照本章中委员会关于合格投资者的收入和净资产的规则，分别进行计算。"

c. 规则制定

本法案颁布后 270 日内，基于投资者保护，证券交易委员会（本章简称为"委员会"）应发布必要或合适的规则，以实施本章增补的《1933 年证券法》第 4A 条款和第 4（6）条款。执行该条款时，证券交易委员会应与美国各州、领土和哥伦比亚区的证券委员会（或任何具有相似职能的机构或部门）以及任何国家级证券业协会互相咨询沟通。

d. 豁免权丧失：

（1）一般规定

本法案颁布后 270 日内，证券交易委员会应当制定具体规则，规定豁免权丧失的情况：

A. 没有资格按照本章增加的《1933 年证券法》第 4（6）条款规定发行证券的发行人；并且

B. 没有资格实施或参与上述第 4（6）条款规定交易的经纪商或集资门户。

（2）涵盖内容

该分条款所述豁免权丧失的规定应：

（A）与《联邦法规典集》第 17 章第 230.262 条款（或任何后续修订条款）的规定大致相似；并且

（B）取消任何由以下人员所进行的证券发行或销售的豁免权；

（i）该人受到如下各州证券委员会（或任何具有相似职能的机构或部门）、银行、储蓄协会或信用社的州级监管或审查机构、各州保险委员会（或任何具有相似职能的机构或部门）、联邦银行业机构，或美国信用社管理局发布的最终命令的约束：

（I）该命令禁止该人：

（aa）与受此类委员会、机构、部门或其官员监管的实体有关联；

（bb）参与证券、保险或银行业务；或

（cc）参与储蓄协会或信用社活动；或

（Ⅱ）该命令是基于该人曾在证券发行或销售申报之日前10年期间内违反防虚假、操纵或欺诈行为的法律或法规的行为而作出的；或

（ⅱ）该人曾经被判犯与购买、销售证券有关，或涉及向委员会提交虚假文件的重罪或轻罪。

条款303 在计算持股人数时排除众筹投资者

a. 豁免

在《1934年证券交易法》第12（g）条款（法典编号：15U.S.C.78l（g））结尾处增加：

"（6）排除持有特定证券的人——证券交易委员会应按照规则，有条件或无条件地将按照《1933年证券法》第4（6）条款规定发行所取得的证券从该分条款的规定中免除；"

b. 规则制定

本法案颁布后270日内，证券交易委员会应发布规则，以实施按本条款增补的《1934年证券交易法》第12（g）（6）条款（法典编号：15U.S.C.78c）。

条款304 集资门户监管

a. 豁免

1. 一般规定——在《1934年证券交易法》第3条款（法典编号：15U.S.C.78c）结尾处增加：

"（h）集资门户的有限豁免：

（1）一般规定——证券交易委员会应按照规则，有条件或无条件地豁免已注册的集资门户，不要求其按照第15（a）（1）条款的要求注册为经纪商或自营商，前提是该集资门户满足如下条件：

（A）仍然接受委员会的审查、执法和遵守其颁布的规则；

（Ｂ）属于按照第 15 条款规定注册的全国性证券业协会的会员；并且；

（Ｃ）根据证券交易委员会明确的适当规则，受本章其他要求的约束；

（2）全国性证券业协会会员——按照第 15（ｂ）（8）条款和第 15（Ａ）条款规定，'经纪商或自营商'包括集资门户，'注册经纪商或自营商'包括注册集资门户，除非证券交易委员会确定了其他规定则，前提是国家级证券业协会在对注册集资门户进行审查和执法时只适用专门针对注册集资门户制定的规则。"

2. 规则制定

本法案颁布后 270 日内，证券交易委员会应发布规则，以实施按本分条款增补的《1934 年证券交易法》第 3（ｈ）条款（法典编号：15U.S.C.78c）。

b. 定义

在《1934 年证券交易法》第 3（ａ）条款（法典编号：15U.S.C.78c（ａ））结尾处增加如下内容：

"（80）集资门户——'集资门户'指仅按照《1933 年证券法》第 4（6）条款（法典编号：15U.S.C.77d（6））所规定的涉及证券发行或销售的交易中任何受他人委托担任中介的人，但不得提供如下服务：

A. 提供投资意见或建议；

B. 通过劝诱性的购买、销售或发行方式，吸引购买其网站或门户上发行或展示的证券；

C. 因实施此类劝诱行为或根据其网站或门户上所展示或推介的证券销售，对相应员工、代理人及其他个人支付报酬；

D. 持有、管理、拥有或以其他方式处理投资者基金或证券；或

E. 参与证券交易委员会按照规则确定的其他行为。"

条款 305 与州法的关系

a. 一般规定

对《1933 年证券法》第 18（ｂ）（6）条款（法典编号：15U.S.C.77r（ｂ）（4））予以修订：

（1）分别将子段落（C）和子段落（D）重新编排为子段落（D）和子段落（E）；

（2）在子段落（B）处增加："（C）第4（6）条款："。

b. 关于各州执法权保留的说明

1. 一般规定

按照《1933年证券法》第18（a）条款（法典编号：15U.S.C.77r（a））的规定，第（a）分条款的修订只与州注册、文件管理和发行要求有关，对州执法机关对证券发行人、集资门户及其他按照《1933年证券法》第4条款（6）规定豁免登记的个人和实体的执法权不构成影响或限制；

2. 关于集资门户和发行人不法行为的各州管辖权的说明

对《1933年证券法》（法典编号：15U.S.C.77r（c））第18（c）（1）条款予以修订，删去"对于经纪商或自营商与证券或证券交易有关的欺诈或作假、不法行为"，增加：

"与证券或证券交易有关：

（A）涉及

（i）欺诈或欺骗；或

（ii）经纪商或自营商的不法行为；以及

（B）与第4（6）条款所规定的交易有关的：

（i）欺诈或欺骗；或

（ii）经纪商、自营商、集资门户或证券发行人的不法行为；"

c. 备案通知书批准

在《1933年证券法》第18（c）条款（法典编号：15U.S.C.77r（c）（2））结尾处增加：

"（F）不允许对众筹证券收费——尽管有子段落（A）、子段落（B）和子段落（C）的规定，任何属于第（b）（4）（B）分条款所规定的该法特指证券或交易完成后成为此类特指证券，不需要进行备案或交纳费用，除了不包括证券发行人的主营业地所在州、或者当地居民持有证券发行总额的50%或以上

的州的证券委员会（或任何具有相似职能的机构或部门），且本次段落中的'州'包括哥伦比亚特区和美国其他领土。"

d. 集资门户

1. 各州豁免权和监督——对《1934 年证券交易法》第 15（i）条款（法典编号：15U.S.C.78o（i））予以修订：

（A）分别将子段落（2）和子段落（3）重新编排为子段落（3）和子段落（4）；

（B）并在子段落（1）后插入以下内容：

"（2）集资门户：

（A）州法限制——除子段落（B）的规定外，任何州或下属行政区域不得对注册集资门户的有关业务实施任何法律、规则、法规或者其他行政管理措施。

（B）审查和执法权力——子段落（A）的规定不适用于对注册集资门户的主营业地所在州或下属行政区域的任何法律、规则、法规或者其他行政措施的审查和执法，前提是此类法律、规则、法规或者其他行政管理措施与证券交易委员会对注册集资门户要求并无不同。

（C）定义——本段中的'州'包括哥伦比亚特区和美国其他领土。"

2. 各州反欺诈机关

对《1933 年证券法》第 18（c）（1）条款（法典编号：15U.S.C.77r（c）（1））予以修订，将"或自营商"变更为"、自营商或集资门户"。

第四章　小企业集资

条款 401 授权豁免特定证券

a. 一般规定

对《1933 年证券法》第 3（b）条款（法典编号：15U.S.C.77c（b））修订如下：

1. 将"（b）证券交易委员会"变更为：

"（b）附加豁免——

"（1）小规模发行豁免授权——证券交易委员会"；并且

2. 在该条款结尾处增加：

"（2）附加事项——证券交易委员会应当制定规则或者规章，在本条款规定的豁免证券中新增一类证券，并符合以下条件：

A. 依据本段规定而增加的豁免，在前 12 个月内发行和出售的证券总额不应超过 5000 万美元；

B. 证券可以以公开方式发行和出售；

C. 此类证券不应是联邦证券法律及其下设规章所规定的限制性证券；

D. 第 12（a）（2）条款关于民事责任的规定应适用于任何发行或出售此类证券的个人；

E. 证券发行人可以在提交发行申请书之前，按照证券交易委员会为公众利益或保护投资者而规定的条款和条件，吸引投资者对其发行的兴趣；

F. 证券交易委员会应要求发行人每年向证监会提交经审计的财务报告；

G. 为了公众利益和保护投资者，证券交易委员会可以设定其他必要的条款、条件或要求，包括：

（i）要求证券发行人以委员会规定的格式和内容准备招股说明书及相关文件，以电子方式向证券交易委员会提交，并发送给潜在投资者，包括经审计的财务报告，发行人经营运作、财务状况、公司治理原则、投资者资金使用情况和其他相关事宜的介绍；另外

（ii）关于发行人或者其前身、关联人、高管、董事、承销商或者其他相关个人丧失豁免权资格的规定，本质上同《多德－弗兰克华尔街改革与消费者保护法案》第 926 条款（法条编号：15U.S.C.77dnote）所规定的资格丧失条款类似。"

3. 限制

只有下列类型的证券可以按照第（2）段落的规则或规定享受豁免权：股权证券、债权证券以及可转换或兑换成股权利益的债权证券，包括此类证券的任何担保。

4. 定期披露

根据证券交易委员会确认的为公众利益或保护投资者之必须的条款和条件，证券交易委员会按照规则或规定可以要求第（2）段落豁免的此类证券的发行人，定期向投资者披露并向证券交易委员会提交有关发行人、其企业经营、财务状况、公司治理原则、投资者资金使用情况和其他相关事宜的情况，也可以对有关发行人的此项要求进行暂停和终止。

5．调整

《2011年小企业融资法案》（SmallCompanyCapitalFormationAct）实施之日起两年内以及之后的每两年，证券交易委员会应对第（2）（A）段落中规定的发行额限制进行评估，并按照委员会规定的合理方式提高该金额。如果委员会决定不提高该金额，应将不提高的理由上报给众议院金融服务委员会和参议院银行、住房和城市事务委员会。

b. 作为《全国证券市场促进法（MIA）》中所属证券

对《1933年证券法》第18（b）（4）条款（按照第303条款修订后）（法典编号：15U.S.C.77r（b）（4））再次进行修订，在第（C）段落（按照条款增加）后增加：

"（D）根据第3（b）（2）条款所通过的规则或规章，此类证券

（i）在全国性证券交易所发行或出售；或者

（ii）向合格投资者发行或出售，前述合格投资者由证券交易委员会按照第（3）段落有关证券买卖的规定作出定义；"

c. 与修正版保持一致

《1933年证券法》第4（5）条款予以修订，将"第3（b）条款"变更为"第3（b）（1）条款"。

条款402 研究各州"蓝天法"对发行监管的影响

美国审计长应对各州证券发行监管法律（或称"蓝天法"）对《条例A》（法典编号：17CFR230.251etseq.）规定的证券发行所产生的影响进行研究。在本法案颁布后三个月内，美国审计长应向众议院金融服务委员会和参议院银行、

住房和城市事务委员会提交一份关于此项研究的报告。

第五章　私人企业的灵活性与成长

条款 501 注册门槛

对《1934 年证券交易法》第 12（g）（1）（A）条款（法典编号：15U.S.C.78l（g）（1）（A））予以修订：

"（A）发行人总资产超过 1000 万美元的第一个会计年度结束之后 120 日内，并且股权证券（除豁免证券外）的记名股东达到下列两个条件之一：

（i）2000 人；或者

（ii）非获许投资者达到 500 人（"获许投资者"的判断，依据证券交易委员会定义），并且"。

条款 502 员工股

在已按照第 302 条款修订的《1934 年证券交易法》第 12（g）（5）条款（法典编号：15U.S.C.78l（g）（5））中第（A）子段落结尾处增加：

"为了明确发行人是否应根据第（1）段落向证券交易委员会注册证券，记名证券不包括根据员工薪酬计划所获得证券，按照《1933 年证券法》第 5 条款规定此类交易免除向证监会注册。"

条款 503 证券交易委员会规则制定

证券交易委员会应按照《1934 年证券交易法》第 12（g）（5）条款（法典编号：15U.S.C.78l（g）（5））修订"记名证券"的定义，从而使第 502 条款的修订内容生效。另外，证券交易委员会应制定"安全港"条款，使得发行人据此可以确定其股东是否曾通过员工薪酬计划获得证券（按照《1933 年证券法》第 5 条款规定此类交易无须向证监会注册）。

条款 504 证券交易委员会对《12G5-1 规则》下执法授权的研究

证券交易委员会应对《12G5-1 规则》下的执法授权进行评估，从而确定是否需要新增执法手段以实施《12G5-1 规则》第（b）（3）分条款所包含的反规

避规定。且证券交易委员会应于本法案实施生效之日起 120 日内向国会提交其关于《12G5-1 规则》执法机构的意见。

第六章　资本扩张

条款 601 注册的股东人数要求

a.《1934 年证券交易法》第 12 条款修订——《1934 年证券交易法》第 12 条款（法典编号：15U.S.C.78l（g））进一步修订如下：

1. 第（1）段中，第（B）子段落修订为：

"（B）如果发行人属于银行或银行控股公司（"银行控股公司"，定义见《1956 年银行控股公司法》第 2 条款（法典编号：12U.S.C.1841）），该分条款生效之后，自发行人总资产超过 1000 万美元的第一个会计年度结束之后 120 日内，并且股权证券（豁免证券除外）的记名股东达到或超过 2000 人，"；

2. 第（4）段中，将"三百人"修改为"300 人，或者，如果发行人属于银行或银行控股公司（"银行控股公司"，定义见《1956 年银行控股公司法》第 2 条款（法典编号：12U.S.C.1841）），则是 1200 人"。

b.《1934 年证券交易法》第 15 条款修订

对《1934 年证券交易法》第 15（d）条款（法典编号：15U.S.C.78o（d））予以修订，在第三段中，将"三百人"修改为"300 人，或者，如果证券发行人属于银行或者银行控股公司（银行控股公司，定义见《1956 年银行控股公司法》第 2 条款（法典编号：12U.S.C.1841）），则是 1200 人"。

条款 602 规则制定

证券交易委员会应当于本法案生效一年内，根据本章内容完成修订，发布本法案的最终版本。

第七章　本法的后续完善

条款 701 由委员会负责本法的后续完善

委员会应将与本法相关的信息及时于互联网公布，并积极开展宣传工作，将本法涉及的修订内容告知中小企业、女性企业、退伍军人企业、以及少数族裔企业。